AF410202

SOLTAR CON MINDFULNESS

CHRISTIAN D. ARPA

SOLTAR CON MINDFULNESS

Una vida plena y consciente, de mi corazón al tuyo

EDITORIAL DUNKEN
Buenos Aires
2018

Arpa, Christian D.
   Soltar con Mindfulness. Una vida plena y consciente, de
mi corazón al tuyo / Christian D. Arpa.
1a ed. - Ciudad Autónoma de Buenos Aires: Dunken, 2018.
   112 p. ; 23 x 16 cm.

   ISBN 978-987-763-732-8

   1. Psicología. I. Título.
   CDD 150

Contenido y corrección a cargo del autor.

Impreso por Editorial Dunken
Ayacucho 357 (C1025AAG) - Capital Federal
Tel/fax: 4954-7700 / 4954-7300
E-mail: *info@dunken.com.ar*
Página web: *www.dunken.com.ar*

ÍNDICE

AGRADECIMIENTOS

A Dios, por guiarme y darme la sabiduría necesaria para vivir y volver a empezar una y otra vez, y a las experiencias vitales, tanto alegres como dolorosas, que me han ayudado a aprender, una y otra vez.

Afirmo que todo dolor me ha dado fortaleza y sabiduría. Sigue doliendo… sigo creciendo.

A mis padres, Viviana Chiariello y Leonardo Arpa, y a mi hermano Gastón Arpa, por ser seres incondicionales y por apoyarme siempre en todo. Los amo eternamente. Gracias por enseñarme lo que es el amor y el acompañamiento sin imponer condiciones ni pedir nada a cambio.

A mi mascota, Lara, que me muestra siempre qué es Mindfulness, estando presente y atenta en todo momento. La que te da un beso luego de enojarse, porque no hay tiempo para resentimientos: el presente es uno solo.

A mi padrino, Horacio Chiariello, por alentarme a dar pasos, y a mi madrina Adriana Arpa, por su apoyo.

A dos bellas personas, además de grandes maestros y psicoterapeutas, de quienes aprendí y a quienes nunca olvidaré: los licenciados José Dahab y Juan Pablo Coletti.

Al licenciado Víctor Fabris, que me ayudó a iniciar mi camino en el área clínica, derivándome los primeros pacientes.

Al licenciado Javier Mandil que, además de asesorarme en la publicación del presente trabajo, ha sido una fuente de inspiración y admiración por sus conocimientos y trayectoria en la psicología.

Gracias a todos por ayudarme a mejorar como persona y como profesional. La aceptación de nuestra vulnerabilidad y la humanidad desprovista de ego nos hacen más fuertes y más empáticos a la hora de ayudar a los demás y de ayudarnos a nosotros mismos.

A mis amigos incondicionales Fernando Villa, Marlene Grossenbacher, Mariano Kaimakamian, Soledad Aguirre, Ivana Ortega, Solana Libonatti, Laura Glinsek y Rocío Casal, por su cariño y apoyo infinito.

Y a ustedes, por leerme.

PRÓLOGO

Mi nombre es Christian Darío Arpa y este es el primer libro que escribo.

Me gradué de Licenciado en Psicología en la Universidad de Buenos Aires.

En el año 2012 fundé Espacio Mindfulness (www.espaciomindfulness.com), en donde actualmente me desempeño como Director General. Además de coordinar este lugar, doy programas de entrenamiento en Mindfulness para adultos, atiendo personas en el área de Psicología y formo profesionales en Psicoterapia y Mindfulness.

Mi vida me llevó a especializarme en estrés y ansiedad, trabajando con Terapias Cognitivas Conductuales de tercera generación, como ACT (Terapia de aceptación y compromiso) y Mindfulness, tanto en capacitación como tratamiento.

Lo que más amo de mi trabajo es aprender, enseñar, aprender de nuevo y ayudar. El círculo recomienza una y otra vez.

Además de dedicarme a la psicología, me encanta hacer natación y soy baterista desde hace 16 años. Actualmente, sigo dedicando tiempo a la música y a natación, así como también a la meditación, que practico ininterrumpidamente desde el año 2010.

Por otro lado, también me gusta la fotografía, una actividad que incluso me ha ayudado en cuanto a la atención plena y que estudio con gusto.

He decidido escribir este libro para hacerte llegar la práctica de Mindfulness a partir de mi propia experiencia como alumno, docente, instructor, paciente y clínico. Y, sobre todo, como ser humano.

No solamente quiero transmitir los conceptos, sino también hablar de la práctica propiamente dicha, ¡y practicar!

Hoy en día, se oye y se lee en diversos sitios la palabra Mindfulness pero, ¿qué es realmente? ¿Cómo se hace? ¿Se hace? ¿Se es? ¿Es una técnica?

Comenzaré hablando acerca del concepto y la utilidad de Mindfulness y continuaré exponiendo sobre las prácticas y su aplicación en la vida cotidiana. Luego propondré algunos ejercicios para que realices en tu casa y finalmente te daré lineamientos útiles para mantener la práctica, ya que eso suele ser más difícil que comenzarla.

Hacia el final de este libro llegaré a lo que más me interesa: soltar. Y te explicaré la importancia que esto tiene a través de las siguientes páginas.

En las próximas líneas, intentaré acercarte a la práctica con una calidez que pretendo trasladar a cada letra, y desde lo personal y vivencial, más allá de lo teórico y conceptual, pues de eso se trata Mindfulness: de vivir plenamente consciente.

INTRODUCCIÓN

¡Bienvenidos al mundo del Mindfulness!

Para que Mindfulness pueda expresarse más allá de las palabras y los conceptos y puedas comprenderlo mejor, además de definiciones y prácticas encontrarás ejemplos claros y basados en la experiencia.

Considero esto importante, porque todos vivimos, todos sufrimos y es muy bello poder compartirlo.

En primer lugar, me gustaría decir que las personas que transmitimos o enseñamos Mindfulness no somos maestros espirituales ni maestros de vida. No tenemos la bola de cristal, no hacemos milagros, no somos dioses, no manipulamos la mente ni nada semejante.

Tampoco somos seres exentos de dolor, ansiedad y angustia.

Simplemente, somos seres humanos sufrientes y aprendices. Yo diría eternamente aprendices.

Como afirma Jon Kabat Zinn (2005) en su libro *La práctica de la atención plena*, Mindfulness es "Un reto que dura toda la vida".

Yo aprendí y aprendo de todos aquellos que me rodean y que me han rodeado, así como de mis pacientes y ex pacientes, una y otra vez.

El trabajo con Mindfulness no es a corto plazo, dura lo que vivas. Lamentablemente, en nuestra época, pensar en algo que debemos trabajar durante toda la vida puede sonar fastidioso, agotador, desalentador. No obstante, ¿acaso no estamos aquí para vivir?

Te invito a explorar, porque puede ser muy valioso trabajar en ello.

Cada día es mayor la evidencia relativa a todos los beneficios que acarrea la práctica de Mindfulness; no obstante, qué mejor que atravesar la experiencia personal… ¿Estás listo?

Comenzaremos explorando el concepto de Mindfulness y luego ingresaremos al mundo mente-cuerpo, para conocer un poco más sobre esta conexión olvidada.

En la parada intermedia del libro revisaremos la noción de estrés y sus implicancias, así como el papel que podría jugar Mindfulness en su reducción y manejo.

Avanzaremos hacia las prácticas, conociendo su utilidad y experimentándolas y, hacia el final, te ofreceré una bella conclusión, de mi corazón al tuyo.

Es importante que leas esta obra con el corazón, que lo abras. Mi propósito no es solo proporcionarte una lectura, sino conectar con tu corazón.

Te invito a generar tu propio compromiso, a volver a empezar por donde quieras hacerlo. Espero que el final de este libro sea el comienzo de algo nuevo para tu alma.

¿Emprendemos juntos este camino?

CAPÍTULO 1
NACER MINDFULNESS:
Conciencia mode ON

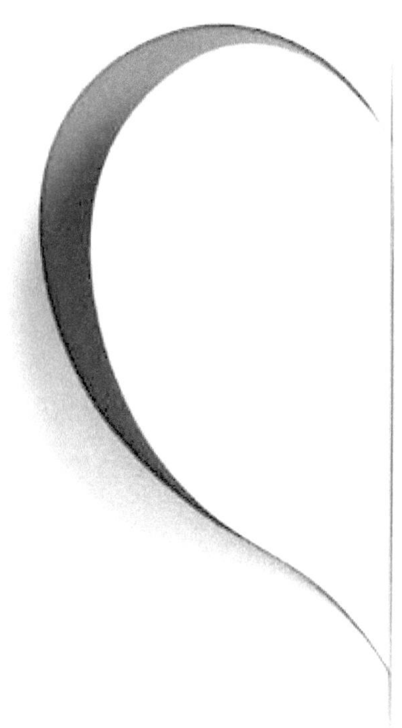

El pasado es historia.
El futuro un misterio.
El aquí y ahora es un regalo.
Por eso se llama presente.
DEEPAK CHOPRA

ABRIR LOS OJOS A LA EXPERIENCIA

Cuando nacemos y nos ilumina por primera vez la luz artificial en la sala de partos, comenzamos a conocer el mundo externo que nos albergará durante el resto de nuestras vidas.

También vemos por primera vez los rostros de nuestra madre, padre y otras personas y registramos la temperatura, el tacto; oímos, vemos, olemos, degustamos… Sentimos una y otra vez.

Todo ser ha llegado para conocer el mundo, aprender, crecer, vivir en él y con él y, finalmente, morir.

El niño comienza a conocer el mundo en primera instancia a través de los sentidos, en contacto directo con la experiencia. Por ejemplo, los chicos se llevan autitos a la boca, degustan esa pieza metálica o plástica y revolean objetos sin medir consecuencias. Por su parte, el padre o la madre lo observan felices, pero alejan las pequeñas piezas de su boca para que no las trague, por las tremendas consecuencias que eso podría acarrear.

Es que la mente del adulto ya imagina la llegada de la ambulancia, una operación y quizá veinte o treinta minutos más de terribles escenas.

Si tuviéramos que representar esto de alguna manera, podríamos decir que el niño tiene un objeto y siente en la boca su forma, peso, tamaño y gusto, y eso es todo… Es niño-experiencia. Tanto en su vivencia de contacto como en su mente hay solo eso: un objeto por conocer.

En ese momento, los padres tienen al niño y el autito ante sus ojos pero, internamente, ven cientos de imágenes y se les acumulan las ideas, pensamientos y temores (la ambulancia, la clínica, la muerte, etcétera).

Al niño que está gateando no le importa ensuciarse, golpearse ni qué hacer o no con lo que encuentre. Solo está presente en la experiencia, conociendo, probando y descubriendo, en el mejor de los casos, las consecuencias a través de sus acciones, causas, efectos. También empieza a "conocer" a través del lenguaje.

El niño ha venido al mundo para conocer; no mide consecuencias, al menos por un cierto tiempo. Y ese período no dura demasiado...

Luego, ese niño empieza a incorporar el lenguaje y todo un sistema de signos compuestos por significantes (imagen acústica) y significados (conceptos). Ya no lo acompañan solamente los sentidos y la información directa llegada de la experiencia que obtiene del mundo externo, sino también esas representaciones manifiestas a través del lenguaje, las palabras, las imágenes y las asociaciones: todo aquello que nuestro cerebro ha comenzado a procesar.

En ese momento, ya sabe que lo que se lleva a la boca no es una pieza con sabor, forma y peso, sino un auto, una representación de un objeto con cuatro ruedas que sirve para trasladarse y que conlleva desde el placer hasta cierto riesgo y es feo, lindo, peligroso, amistoso, etcétera.

Entonces, aquel niño que comienza a conocer, es curioso, experimenta, está en contacto directo con la experiencia, "libre", "suelto", "indefenso", sin saber... ese niño está haciendo Mindfulness.

¿Qué pasa luego? Junto con el lenguaje aparecen reglas, nuevos condicionamientos, creencias acerca de uno mismo, del mundo y, por ende, maneras "adecuadas e inadecuadas" de pensar, sentir y hacer.

La experiencia del lenguaje empieza a dominar la experiencia curiosa del Mindfulness. Comenzamos a "saber", más que a tener curiosidad. El piloto automático empieza a operar en base a conceptos, reglas, normas culturales y, valga la redundancia, la cultura apoyará este tránsito.

Como si fuera poco, cuando comenzamos a conocer, a saber y ya contamos con lenguaje, la epidemia se expandirá con más fuerza aún, pues además de aprender en relación directa con la experiencia, a partir de lo que nos expresan, nos han dicho y creemos, nuestra mente se encargará de derivar muchísimos nuevos condicionamientos y funciones conductuales en base a ello.

En resumen: esa pieza metálica pequeña, con cierta forma, de determinado sabor, con texturas lisas y rugosas, luego es un auto, luego sirve para trasladarse y puede matar y matarnos si hacemos mal uso de él, y luego, si este auto es más pequeño o más grande que aquel otro, el riesgo es en relación a y en comparación con… etcétera y etcétera. A través de conocer A y B podemos derivar C, cuando C no necesariamente sea algo conocido por la experiencia. Se trata de relaciones que proceden de manera arbitraria.

Quienes estén interesados en este tema, pueden interiorizarse más leyendo acerca de la teoría de los marcos relacionales desarrollada por Steven Hayes y Dermot Barnes-Holmes. Básicamente, se trata de una revisión y ampliación del acercamiento conductista al lenguaje propuesto por B.F. Skinner en su libro *Conducta verbal* (1957), actualmente verificado en unas tres docenas de laboratorios alrededor del mundo.

Qué es mindfulness

Para encarar este tema, comenzaré enunciando las cuatro nobles verdades del budismo.

La primera noble verdad: La vida contiene sufrimiento. "La verdad del sufrimiento" es la primera verdad noble. Esta afirmación no niega en absoluto lo bueno y gozoso de la existencia, pero señala con contundencia que nacer en el reino humano lleva implícito el sufrimiento.

La segunda noble verdad: Este sufrimiento tiene causa. "La verdad de la causa del sufrimiento" es la segunda verdad. Y, básicamente, consiste en el deseo de liberarse del mismo. Esto significa que, llevados por la ignorancia, rechazamos fuertemente cualquier experiencia de insatisfacción, dolor, contrariedad, etcétera.

La tercera noble verdad: Todo lo que tiene una causa tiene un cese. "La verdad del cese del sufrimiento". Tercera verdad noble. Este es el estado de ser que realizó el Buda y que tradicionalmente es conocido como iluminación.

La cuarta noble verdad: Habiendo una causa, hay "un camino que aparta del sufrimiento". Es la cuarta verdad noble.

Estas cuatro verdades te servirán de guía para comprender el concepto de Mindfulness.

Mindfulness es la versión inglesa de la palabra *Sati*, que procede de una lengua denominada pali. *Sati* posee varios significados en inglés, como *awareness, attention* y *remembering*. Al español se traduce como atención desnuda, toma de conciencia, presencia alerta, conciencia pura, visión clara, visión cabal o meditación; la acepción más utilizada es atención plena.

Mindfulness se origina en antiguas prácticas de meditación provenientes de Oriente y significa prestar atención de manera consciente a la experiencia del momento presente con interés, curiosidad y aceptación.

Por otro lado, su práctica se aplica en un contexto de salud despojado de cualquier idea religiosa.

Según Jon Kabat Zinn (2003) en su gran libro *Vivir con plenitud las crisis*, Mindfulness:

"Consiste en el proceso de observar expresamente cuerpo y mente, de permitir que nuestras experiencias se vayan desplegando de momento a momento y de aceptarlas como son. No implica rechazar las ideas ni intentar fijarlas ni suprimirlas ni controlar nada en absoluto que no sea el enfoque y la dirección de la atención. (…) La atención plena no implica intentar ir a ningún sitio ni sentir algo especial, sino que entraña el que nos permitamos a nosotros mismos estar donde ya estamos familiarizados más con nuestras propias experiencias presentes un momento tras otro".

Desde 1979, el trabajo de investigación de Jon Kabat Zinn se ha enfocado en las interacciones mente-cuerpo para la salud y en las aplicaciones clínicas del entrenamiento en meditación de atención plena (*mindfulness meditation*) para personas con dolor crónico y problemas o trastornos relacionados con el estrés, incluyendo estudios de los efectos de la técnica REBAP (un programa de ocho semanas diseñado por él para la reducción de estrés con ejercicios de Mindfulness) en el cerebro y cómo éste procesa las emociones, especialmente bajo estrés, y sobre el sistema inmunológico.

Qué no es mindfulness

Circulan muchas definiciones inexactas, como por ejemplo que es:

Mente en blanco. Es imposible lograr esto, ya que lo propio de la mente es ir y venir; ella trabaja de manera continua, recibiendo y transmitiendo información. Mindfulness no pretende que pongas tu mente en blanco (sería imposible) sino más bien que puedas notar sus movimientos.

Relajación. La misma puede llegar a ser un efecto colateral de la práctica, no obstante, hacer Mindfulness no es eso y su objetivo ni siquiera es ese. Los ejercicios de relajación pretenden lograr la disminución de la activación fisiológica mediante prácticas específicas que deben hacerse de manera correcta. El cambio busca producirse de forma directa. "Hago relajación para relajarme".

Mindfulness tiene como objetivo estar presente; por decirlo de manera simple, se trata de vivir con lo que sea que esté allí. Entonces, puede producirse un cambio indirecto en nuestro modo de vida al relacionarnos de otra manera con la experiencia, pasando de la evitación a la aceptación.

No hay una forma correcta de hacer Mindfulness. "Hago Mindfulness para dejar de hacer (para romper el piloto automático)".

Panacea. Mindfulness no es la panacea, la cura de nada ni un milagro; en todo caso, nos permite darnos cuenta de lo que significa el milagro de estar vivos y presentes más allá de cómo sea percibido en ese momento por nosotros.

Una técnica de iluminación. No es una técnica ni se pretende lograr nada más que estar en el presente.

Las técnicas tienen un fin específico, una manera correcta de aplicarse y, a la vez, generan expectativas en quienes las emplean. Mindfulness no lo es y no pretendemos lograr nada más que habitar la experiencia presente. No esperamos que suceda nada extraordinario por el hecho de meditar. Simplemente, consiste en un entrenamiento para ser, estar vivo, vivir con lo que sea que esté sucediendo. No habrá magia para conseguir que cese la tormenta y salga el sol, pero podemos aprender y disponernos a estar en calma bajo la tormenta, con ella.

Es normal que al principio te acerques a Mindfulness por una motivación y con cierta expectativa.

En los programas de entrenamiento observo constantemente que los participantes vienen a hacer Mindfulness para eliminar su estrés y su ansiedad. Han intentado luchar contra ello una y otra vez, y así lo refieren cuando hablamos acerca de su interés.

Pero no tendría ningún sentido dar un entrenamiento para que sigan haciendo lo mismo que ya están haciendo (pelear, intentar quitarse la ansiedad y el estrés). La idea de hacer Mindfulness es reducir (no eliminar) el estrés y la ansiedad. Se trata de llegar a vivenciarlo, más que de entenderlo, y eso puede lograrse dejando de luchar o de hacer lo que sea para eliminar el malestar. Por el contrario, trabajaremos con la aceptación.

Es totalmente paradójico. Y por ese motivo la mente no alcanza a comprenderlo (al menos en un principio) y está confundida (lo que es una buena señal). Cuando la razón no encuentra explicación o un significado, deja lugar para conocer, explorar y descubrir mediante la experiencia pura, directa, con nuestros sentidos. Entonces, es muy bueno aprovecharlo…

El piloto automático

No nos damos cuenta, pero vivimos la mayor parte del tiempo en piloto automático. Vamos caminando por la calle sin sentir nuestros pies, su apoyo, su temperatura, el impacto de cada paso en las rodillas y caderas. No notamos la intención del andar y el movimiento de los glúteos y músculos isquiotibiales. Pero, ¿por qué? ¿Dónde estamos si no sentimos o notamos lo que hacemos? Seguramente tu mente esté perdida en pensamientos relacionados con el horario, el trabajo, tu vida cotidiana, etcétera. No estamos viviendo el presente; a eso alude el piloto automático: a que no nos damos cuenta de nada, porque nos hemos acostumbrado a vivir más con los pensamientos que con nuestro cuerpo.

Por eso, ahora te invito a romper el piloto automático.

Dos componentes escenciales en la práctica de mindfulness

La definición de Mindfulness incluye, por un lado, la palabra "atención". En esta línea podemos hablar del componente cognitivo de la práctica, que efectivamente tiene que ver con mover el foco atencional. En otras palabras, con "prestar atención aquí y ahora".

Pero no es lo único. La actitud Mindful (de estar presente notando y observando la experiencia tal cual es) posee también un aspecto afectivo.

Vicente Simón (2010) sostiene que "Es necesario que la observación se encuentre acompañada de una actitud de amor o de cariño hacia el objeto que se está observando; sin esta actitud de afecto, no se considera Mindful a esa experiencia".

Lo que mindfulness propone

Podemos ir armando un esquema sobre lo que se plantea con Mindfulness.

En primer lugar, notar, prestar atención al momento presente. Esto no se logra sin estar dispuesto a permanecer con lo que fuera que sea, ya que en la vida no siempre encontramos cosas agradables. Es decir, debemos estar dispuestos a aceptar la experiencia, el momento presente, tal cual es. La aceptación se refiere al plano conductual, es decir que de nada sirve decir "acepto" si no me siento y permanezco con la experiencia en sí misma. Esta aceptación, como afirma Simón, no sería posible sin una actitud de amor preparada para el contacto con esa experiencia. Aceptar no es tolerar o soportar a desgano, sino más bien abrir el corazón a la permanencia en pos de algo valioso.

En términos de Pema Chodron (1991): "Todo el proceso de la meditación consiste en crear una buena base, una cuna de bondad amorosa en donde podamos ser nutridos".

Podemos mencionar como pilares básicos de Mindfulness:
- Aceptación
- Observación curiosa / exploración / descripción / cinco sentidos
- Mente de principiante / apertura

- No juzgar
- Ecuanimidad
- Dejar ir / ceder / no forzar / soltar
- Autocompasión
- Actuar con conciencia

No te asustes, te explicaré cada idea y más allá de lo conceptual. No te preocupes si aún no entiendes, ya lo experimentarás…

Aceptación. Implica estar predispuesto de manera intencional e incondicionalmente a notar, experimentar, sentir la experiencia, sea esta "placentera" o "displacentera". Es la consecuencia directa de vivir en el presente con plenitud y de estar situado en él, con todas sus posibles consecuencias.

La aceptación (a diferencia de la resignación) promueve y amplía el repertorio conductual. "Yo acepto que en este momento estoy angustiado, no me gusta, es desagradable y quiero ir a mi clase de natación para competir el domingo". Es moverse con el malestar, porque ese movimiento es valioso para mí en este momento.

La resignación, en cambio, conlleva reducir o anular el repertorio conductual. "No tolero más esta angustia, mi vida no tiene sentido, no quiero nada si no puedo estar bien". Es anularse por el malestar.

En la vida ordinaria, nuestra tendencia más habitual es precisamente, la de resistirnos; he ahí el problema del piloto automático previamente mencionado.

Al suceder algo que contraría nuestros deseos o expectativas, nos ponemos en guardia y aparece una reacción de rechazo a lo que ya se ha producido, un sentimiento de repulsa hacia aquello que ya es una realidad. No queremos que las cosas sean como son y nos resistimos a ellas empleando conductas evitativas, negando, evadiendo, racionalizando, analizando, rumiando, inquietándonos.

La aceptación es todo lo opuesto: se trata de una predisposición y actitud de permanencia en el presente, sea este como fuere. Al aceptar, permitimos que las cosas sean como son.

La observación curiosa o exploración consiste en registrar las cosas como si fuera la primera vez que las vivimos. Tiene que ver con la descripción (la hacemos con nuestros cinco sentidos) y la oportunidad de conocer. Tal como hace ese niño que describí anteriormente, consiste en la percepción sensorial directa en contacto con la experiencia, en oposición a la significación, el sentido que otorgamos con nuestra mente a raíz de aprendizajes previos, de acuerdo a cómo creemos que son las cosas.

La mente de principiante se refiere a la actitud de apertura ante la realidad que estamos viviendo en un momento dado. En lugar de cerrarnos, nos abrimos a ella, sea cual fuere. Abrimos el corazón a lo que hay, incluso al sufrimiento, y lo observamos con curiosidad, con interés. "A ver de qué se trata, cómo es".

El no juicio implica dejar de lado los juicios o, en todo caso, si surgen, notarlos sin reaccionar. La experiencia tal cual se da no precisa ser juzgada ni rechazada.

La ecuanimidad se refiere a la serenidad para mantener la práctica, a la estabilidad ante los cambios en la experiencia, a la imparcialidad.

El soltar o dejar ir está vinculado al desapego de la experiencia, a registrarla y observarla sin reaccionar. Lo que noto, aquello de lo que tomo conciencia, lo observo y lo suelto.

Autocompasión. Es el sentimiento de ayuda frente al sufrimiento de uno mismo. Está en plena relación con la disposición a permanecer, observar y soltar desde una intención amable.

Actuar con conciencia es la posibilidad consecuente de la observación despojada de juicios. Supone la interrupción del piloto automático; al detenerme y observar lo que sucede, abro una posibilidad de elección y actúo en base a mis valores, lo que determina una libre elección de las conductas, más allá de la catástrofe que pueda acompañarnos. Implica una deliberación consciente e intencional.

Vemos que todos estos pilares están totalmente relacionados entre sí. Muy pronto te darás cuenta de todos ellos practicando, pues será más claro vivenciarlo que tratar de entenderlo racionalmente.

CAPÍTULO 2
CUERPO Y MENTE:
La conexión olvidada

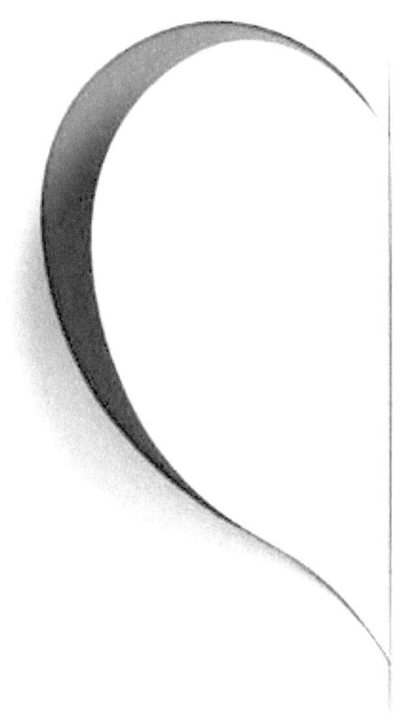

LA RESPIRACIÓN

Basta con buscar en Wikipedia y encontramos la siguiente definición:

La respiración es un proceso vital, que consiste en la entrada de oxígeno al cuerpo de un ser vivo y la salida de dióxido de carbono del mismo, así como al proceso metabólico de respiración celular, indispensable para la vida de los organismos aeróbicos.

Según los distintos hábitats, los distintos seres vivos aeróbicos han desarrollado diferentes sistemas de hematosis: cutáneo, traqueal, branquial, pulmonar. Consiste en un intercambio gaseoso de oxígeno, necesario para la respiración celular, y se desecha dióxido de carbono y vapor de agua, como producto del proceso de combustión del metabolismo energético.

La respiración no es solamente una actividad de los pulmones. Todo el organismo respira a través del pulmón. Quien captura el oxígeno y quien expulsa el dióxido de carbono es todo el organismo. Sus miles de millones de células consumen oxígeno incansablemente para liberar de los glúcidos (azúcares) la energía necesaria e indispensable para realizar sus actividades.

La respiración humana consta básicamente de los siguientes procesos:

- Inhalación y exhalación: la entrada y salida de aire a nuestros pulmones.
- Hematosis: intercambio gaseoso en los alvéolos pulmonares.
- Transporte de oxígeno a las células del cuerpo.
- Respiración celular.

Vemos en esta definición que se trata de un proceso vital, de intercambio y que es una actividad que involucra a todo el organismo.

Osho, en *El equilibrio entre la mente y el cuerpo* (2003) sostiene que la respiración es el puente que une cuerpo y conciencia: "El cuerpo es nuestra parte exterior, la conciencia, la interior y la respiración el puente que los une". Y continúa:

"La respiración será un flujo continuo; no es posible ninguna pausa. Si te olvidas aunque sea por un momento de respirar, ya no serás. Por eso no es necesario que tú respires, porque si no, sería difícil. A alguien podría olvidársele respirar por un solo momento y entonces no se podría hacer nada. Así que, en realidad, tú no estás respirando, porque tú no eres necesario. Estás profundamente dormido y la respiración continúa; estás inconsciente, y la respiración continúa; estás en coma, y la respiración continúa. Tú no eres necesario; respirar es algo que continúa, independientemente de ti".

Entonces, afirmamos con Osho que la respiración está siempre presente mientras estamos vivos, independientemente de dónde y cómo estemos (dormidos, soñando despiertos, pensando, distraídos, etcétera).

Pues entonces, ahora sí, voy a decirte que es posible usar la respiración como un "ancla" al momento presente, por el mero hecho de que siempre está.

A través de la respiración, de la atención y la conciencia en ella, podemos volver al cuerpo, al aquí y ahora, porque la respiración solo puede suceder en el presente. Ayer ya respiramos y mañana aún no lo sabemos.

En cambio, la mente puede estar en diversos tiempos: sumergida en recuerdos del ayer, en sus penas, culpas o felicidades o preocupada por el mañana y el posible futuro.

La mente va y viene, hacia atrás, hacia adelante y alguna que otra vez se posa en el aquí y ahora, aunque no es muy adepta a la quietud y el presente, a menos que este tenga algo muy entretenido para ella. Más adelante veremos qué atrae a la mente y por qué no se detiene.

CUERPO Y MENTE

Cuando hablo del cuerpo me refiero a la entidad física, compuesta por órganos, células, tejidos y moléculas. Es decir, un sistema compuesto y muy complejo.

La mente forma parte del mismo: no se trata de entidades separadas. Al hablar de la mente, efectivamente aludo a una entidad funcional que integra el cuerpo; a través de él experimentamos todo tipo de sensaciones (cosquillas, dolor, presión, picazón, por mencionar solo algunas pocas de ellas).

Las sensaciones remiten a los sentidos que todos conocemos: vista, tacto, oído, gusto y olfato. Son cinco vías de entrada de la información proveniente del exterior, mediante las que descubrimos y redescubrimos el mundo que nos rodea.

En *Mindfulness y neurobiología* (2007) Vicente Simón cita a Siegel (2007), quien propone ocho vías de entrada de información: las cinco previamente mencionadas (los órganos de los sentidos clásicos), la interocepción (que incluye las sensaciones viscerales y propioceptivas), la comprensión de la mente (de la propia y de la ajena, teoría de la mente) y, por último, el octavo sentido, el relacional, que nos informa la existencia de resonancia o disonancia en nuestras relaciones interpersonales y nos permite sentirnos sentidos por los otros.

Entonces, los cinco sentidos clásicos nos brindan información acerca del mundo físico externo; la interocepción, del mundo físico interno y finalmente, la visión de la mente comunica a propósito de la misma y la resonancia de las relaciones interpersonales.

Según Simón:

"Hoy en día estamos en condiciones de relacionar cada una de las ocho corrientes informativas con sus zonas cerebrales correspondientes. Las más conocidas son sin duda las de los cinco sentidos tradicionales que tienen sus áreas primarias en las regiones posteriores de la corteza cerebral (menos el olfato). Las sensaciones interoceptivas implican a la porción somatosensorial de la corteza y a las zonas medias prefrontales, junto con la ínsula, que mapea estados viscerales. En los estados de autoconciencia interviene la corteza prefrontal medial y en la elaboración de las relaciones interpersonales están implicados los circuitos de células en espejo y la propia corteza prefrontal medial".

Podemos ver entonces que la información ingresa permanentemente y se retroalimenta. Incluso sabemos qué áreas del cerebro están involucradas en cada proceso.

Con Mindfulness prestamos una atención plena a esas ocho corrientes de información que pueden acceder al espacio de la conciencia.

"Al prestar una atención especial y detallada a la información entrante, comenzamos a dificultar el funcionamiento automático en pos de la entrada de información de órganos sensoriales" (Engel, Fries y Singer, 2001).

La práctica de Mindfulness favorece la llegada de información de instancias prefrontales. Resulta evidente que no pueden estudiarse el cuerpo y la mente por separado. Es por eso que en la práctica de Mindfulness trabajaremos con ambos, tomando conciencia de ello.

LOS PENSAMIENTOS

No podemos detener los pensamientos, pero podemos soltar el apego o la resistencia a ellos.

Nuestra mente, máquina reproductora de pensamientos, imágenes, recuerdos e ilusiones, genera también efectos en el cuerpo, ya que nos brinda información, sea esta real o no, esté sucediendo en el presente o no.

Y el cuerpo genera efectos en nuestra mente. Un cuerpo en estado de tensión hará que nuestra mente funcione de modo sobrecargado (con exceso de pensamientos, preocupaciones, etcétera).

La percepción que tenemos de la realidad también genera efectos en el cuerpo y en la mente, como veremos en el capítulo referido al estrés.

La mente divaga en pensamientos; ella funciona en el presente mientras los pensamientos ocurren. No obstante, su contenido (su mensaje) no necesariamente tiene que ver con el presente. Por ejemplo, un recuerdo es una imagen del pasado y una preocupación es un mensaje de texto orientado al futuro ("Y si…"), por más que ambos se produzcan en el presente.

En resumen, los pensamientos no son más que pensamientos, aunque podamos verlos como simples mensajes de texto o como mensajes multimedia (cargados de imágenes).

Es decir, el pensamiento ocurre en el presente, pero su contenido, lo que dice, puede hablar, estar en otro tiempo.

Esto significa que si podemos ver solo el contenido; en este caso, nos estaremos identificando con el mensaje. O bien podemos ver que se trata de un mensaje con contenido sin identificarnos con el mismo, tan solo observándolo, como si leyéramos un mensaje de texto del celular. Yo soy yo y el mensaje es el mensaje.

Veamos un ejemplo: el pensamiento (texto) dice: "No sirvo para esto". Si percibo directamente el contenido y pierdo de vista que se trata tan solo de un mensaje o de un pensamiento que dice "No sirvo para esto", efectivamente me identificaré con esa falta de aptitud y probablemente abandone este libro de inmediato. Al estar escrito en primera persona, me identifico fácilmente.

Pero si percibo que se trata de un mensaje o de un pensamiento que afirma algo, podría incluso reírme o decir: "Uf, que mente maldita, me tira mala onda, hoy no está de humor" o "Mi mente me está mandando un mensaje que dice que no sirvo para esto, que fracasaré". Probablemente continúe con mi libro y quizá mi mente incluso logre inspirarme para comprender este capítulo.

No es lo mismo "ser un fracasado" que tener un pensamiento que dice que "soy o seré un fracasado".

Si percibimos los pensamientos como lo que son (una suerte de mensajes de texto o multimedia de la mente), nuestro cuerpo se sentirá distinto, porque nuestra percepción habrá cambiado. Nuestro cuerpo ya no experimentará el fracaso, tan solo leerá un mensaje que podría ignorar. De esta manera, se produce una suerte de toma de distancia, desapego.

Si estamos atentos, podemos percibir más allá. Y, en ese caso, la información no será tan sesgada, tendremos más opciones y nuestro cuerpo tendrá más posibilidades de sentirse diferente.

Ahora bien, ¿por qué la mente no se queda quieta?

Pues, porque está diseñada para interpretar la realidad y cargarla de sentido permanentemente. Necesita trabajar con información para protegernos de peligros reales o imaginarios, lo logre o no, sea funcional o disfuncional.

Por otro lado, cuando no estamos atentos a nuestros sentidos, tenemos más predisposición a obtener información por otros medios: de lo ya aprendido, de aquello que está grabado allí dentro, en tu disco rígido, en tu mente que tiene acceso directo a la memoria.

Si no estamos atentos y conscientes, la mente reemplazará nuestro trabajo con el material de que dispone.

No queremos congelar ni anular el trabajo de la mente, simplemente, tomar conciencia del mismo para ser funcionales con nuestras experiencias.

Cuanto más atentos estemos y más conectados con nuestros sentidos, mas chances tendremos de redescubrir el mundo una y otra vez, con el piloto automático desactivado. Si nos damos permiso para ser curiosos y explorar, la plaza del barrio dejará de ser tal para convertirse en un lugar que es otro cada día, pues los pájaros cambian de árbol a cada instante, la lluvia de ayer no es como la de hoy (y anteayer ni siquiera llovió), el césped crece permanentemente y en este momento veo cosas que hace un rato no había notado. Me estoy dando oportunidades de volver a nacer, de volver a empezar.

Si desconectamos los sentidos, la plaza de la tristeza siempre será la misma, porque es la única que conozco y el durazno que no he probado seguirá sin gustarme porque me dijeron que es feo o porque tiene una textura que no me agrada.

He descubierto recién a los 26 años que la medialuna con jamón y queso no era fea, como pensaba. Tardé 26 años en probarla.

¿Qué tal si comenzamos a probar medialunas? Y así nos damos la oportunidad de abrirnos a la experiencia que la vida nos ofrece, más allá de la mente y de lo conocido.

Te invito a que en este preciso instante pruebes tu medialuna.

LAS EMOCIONES

También las emociones son simplemente emociones y, al igual que sucede con los pensamientos, con la práctica de Mindfulness pretendemos observarlas, aceptarlas y soltarlas.

Las emociones son reacciones psicofisiológicas que permiten adaptarse a estímulos diversos. Se manifiestan en el cuerpo, de modo que podemos sentirlas, y por supuesto también poseen sus bases neurobiológicas.

Charles Darwin, en su libro *La expresión de las emociones en hombres y animales* (1872) ya suponía que las respuestas faciales evidenciaban estados emocionales idénticos en todos los seres humanos.

Hoy, nadie niega el hecho de que las emociones se traslucen en los rostros y que incluso se puede sentir una emoción a través de la que muestra la faz de otro. Es muy interesante cuando reímos al ver a alguien que ríe; el cuerpo siente y el cuerpo habla.

Hay una película recientemente exhibida que ha sido muy gráfica con el tema de las emociones: se trata de *Inside Out* o *Intensa-mente* (en la traducción que han hecho al español) producida por Pixar Animation Studios, dirigida por Pete Docter y Ronnie del Carmen.

En este film cada emoción de la protagonista es representada por un personaje de un color determinado: Alegría, Tristeza, Miedo, Ira (Furia), Disgusto (desagrado o asco, según la versión).

Estas son solo algunas de las tantas emociones que podemos experimentar. Recomiendo ver este film, ya que es un claro ejemplo de lo que pretendemos hacer con Mindfulness: ver las emociones como emociones o personajes, tal como hacemos con los pensamientos al tomarlos como mensajes, sin necesidad de juzgar, aceptándolos. Esto nos permite crecer.

No se trata de negar o eliminar las emociones, sino de observarlas, aceptarlas y soltarlas para poder vivir con ellas, sin controlarlas ni estar bajo su dominio.

Quizá sea valioso señalar nuevamente por qué vale la pena aceptar el miedo o la ira cuando aparecen frente a algo que no nos gusta y no queremos.

Anteriormente dije que la aceptación se va a producir cuando hay algo valioso en juego. Steven Hayes (creador de la Terapia de aceptación y compromiso, ACT) propone trabajar sobre la base de los valores. ¿Qué son? Son direcciones vitales elegidas, verbalmente construidas. Guardan relación con lo que es importante en la vida de cada uno y son muy personales. A diferencia de los objetivos, los valores se experimentan en el momento presente y no a futuro.

Por ejemplo: para una persona puede ser valiosa su relación con su hijo, puede tener como objetivo irse de viaje con él a otro país y podría comprometerse a llevar a cabo esta acción. Entonces vemos aquí que lo valioso es la relación con el hijo, el objetivo hacer un viaje juntos y el compromiso llevar a cabo la acción, como por ejemplo, sacar los pasajes.

¿Qué pasaría si para ello fuera necesario viajar en avión y la madre tuviera fobia a volar? Cada vez que ella escucha la palabra avión, siente miedo, síntomas de ansiedad, palpitaciones, transpiración, temblor, falta de aire.

¿Sería valioso entonces tolerar esas emociones o sensaciones para poder hacer ese viaje? ¿Estaría dispuesta a eso esta mujer? Puede ser una decisión difícil. Por otro lado, si le dijéramos a esa madre que a su hijo solo le resta un día de vida, es altamente probable que no dudaría ni un segundo en tomar ese avión, con las palpitaciones, con el miedo y con, con y con. A pesar de todo, ella viajaría. Entonces, no se trata de llegar al punto de que nos quede un solo día de vida, sino de comenzar a vivir ahora una y otra vez.

Este ejemplo es uno de los tantos que veo en mi consultorio. ¡Es totalmente normal! Porque todos los seres humanos procuramos evitar el displacer cuando este se presenta, en lugar de buscar nuestros horizontes.

Algunos pacientes que me visitan con cuadros ansiosos, no depresivos, me dicen que hasta que su malestar no desaparezca no podrán hacer nada; yo les pregunto qué pasaría si supieran que perdurará. Me responden que, en ese caso, sabiendo que no pueden hacer nada para que desaparezca, harían lo que quisieran a pesar del malestar, es decir, focalizarían en otra cosa, aceptándolo.

Focalizar es clave. En la práctica de Mindfulness es necesario elegir hacia dónde dirigir la atención.

Muchas veces las emociones (sobre todo, aquellas que nos producen displacer) nos detienen o, mejor dicho, nos detenemos. Atendemos a lo desagradable que no queremos tener en lugar de focalizar en lo que sí deseamos hacer. Nuevamente, aquí estamos hablando del foco atencional.

Focalizar en lo que queremos tiene que ver con nuestros valores y esto a veces puede resultar arriesgado o incierto, pero permitirá hacer un movimiento en nuestras vidas.

Focalizar en lo que no queremos tiene que ver con nuestros miedos, nos detiene. No obstante, llevar la atención a lo desagradable no tiene nada de malo si eso trae consigo algo valioso. Atender a un cáncer puede ser muy funcional si para nosotros es importante nuestra salud. Aquí, de todas maneras, la atención va dirigida a la salud, a hacer algo en pos de ello y no a pelearse con el cáncer.

Todas las emociones describen una curva natural: como la vida, nacen, permanecen un rato y luego desaparecen.

No obstante, cuando intentamos controlarlas o eliminarlas, esa curva se altera y la permanencia se incrementa. La regla básica es que cuanto menos la quieres, más la tienes.

Imaginemos que estamos lesionados y la herida está cubierta con una gasa, que quitamos todos los días para ver su evolución: cuanto más la toquemos, más tiempo le tomará cicatrizar.

Lo mismo ocurre con las emociones: no podemos apurarlas ni controlarlas. Debemos permitirles su flujo natural. De lo contrario, "el remedio será peor que la enfermedad".

Otro punto es, que al estar nosotros en piloto automático, tampoco podremos detenernos a observar con curiosidad cómo son esas emociones y cómo cambian; por ende, tampoco notaremos su impermanencia. El modo automático ordena deshacerse de todo aquello que produce malestar. Lamentablemente, nuestra cultura nos impulsa a funcionar de esa manera, validando el rechazo al displacer.

La pregunta es: ¿qué produce realmente el malestar? ¿La emoción displacentera o la pelea / resistencia que establecemos con ella, que quizá nos esté haciendo sufrir por ser una batalla que no podemos ganar?

La invitación es a abandonar la lucha… ¿Cómo? Deteniendo el piloto automático, dándonos cuenta de que estamos peleando hace tiempo y no hemos ganado nada y, por el contrario, seguimos perdiendo el tiempo y sufriendo una y otra vez. Podemos detener este modo por defecto notando esa emoción, permitiendo que permanezca y eligiendo una nueva respuesta en lugar de reaccionar.

Esto mismo lo pondremos en práctica con Mindfulness a través de la exploración curiosa y permanencia en el momento presente, sea cual fuere la experiencia. ¿Por qué voy a permanecer? Porque podría tratarse de algo valioso, un cambio que espero desde hace tiempo. Como afirma Claudio Araya (2012), "El mayor avance es detenerse".

Entonces, con la práctica de Mindfulness pretendemos conocer la experiencia, interrumpiendo el piloto automático y permaneciendo para notar la impermanencia.

Solo conoceremos mejor a estos personajes de *Intensa-Mente*, estando en contacto con ellos de manera amable y curiosa, sin rechazarlos.

El entrenamiento en Mindfulness puede ayudarnos a manejar la ansiedad, reducir el estrés, prevenir recaídas en la depresión, mejorar la calidad de sueño y resultar un buen complemento en el tratamiento del dolor crónico, entre otros beneficios.

CAPÍTULO 3
ESTRÉS Y MINDFULNESS:
De la tensión a la atención

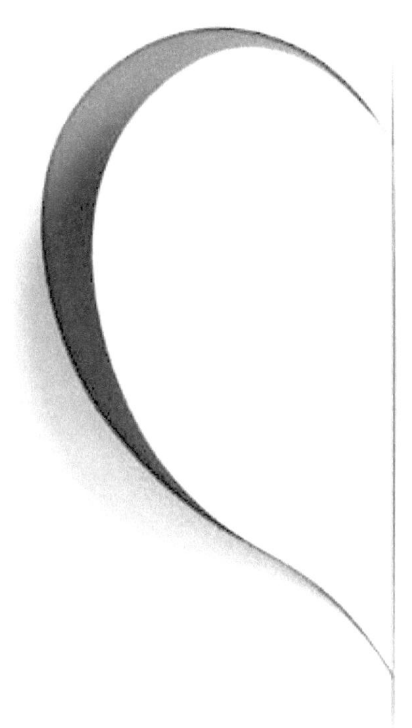

El infierno está dentro de ti,
así como el paraíso.
Osho

ESTRÉS – TENSIÓN

El estrés actúa a nivel psicológico, fisiológico y social y se relaciona directamente con la percepción de una gran demanda junto a la impresión de que poseemos escasos recursos para afrontarla. Es decir, cuando percibimos que no podemos con la situación.

El doctor Richard Lazarus (1986) ha definido el estrés psicológico como "una especial relación entre la persona y el entorno valorada por la persona como gravosa, superior a sus recursos y peligrosa para su bienestar".

Es la percepción de una balanza en desequilibrio, en la que pesa más el lado de las demandas en comparación con el de los recursos, percibidos como insuficientes.

El doctor Jon Kabat Zinn (2005) afirma:

"Si cambiamos la forma en que nos vemos a nosotros mismos en relación con los estresores, podemos cambiar nuestra experiencia de la relación y, por lo tanto, modificar hasta qué punto supera o grava nuestros recursos o pone en peligro nuestro bienestar".

Entonces, las personas resistentes al estrés cuentan con más recursos de enfrontamiento que otras, porque contemplan la vida como un reto y asumen un papel activo cuando intentan ejercer un control que implique significado.

Podemos clasificar al estrés en dos tipos: agudo y crónico.

El estrés agudo es adaptativo, permite sobrevivir en situaciones extremas, es necesario y fisiológicamente adecuado. Produce una sobreactivación momentánea del sistema nervioso simpático y permite la recuperación y restablecimiento del equilibrio.

El estrés crónico no es adaptativo, empeora condiciones previas o genera nuevos desequilibrios. Produce una sobreactivación permanente del sistema nervioso simpático.

Una vez que sucede esto, la mente atrapada sigue reaccionando y así se cronifica su activación, generando un círculo vicioso de retroalimentación constante entre cuerpo y mente, pensamientos, emociones y conductas.

En la definición de Lazarus expuesta previamente, se plantea al estrés como un desequilibrio entre las demandas y los recursos internos y externos.

La reacción al mismo tiene que ver con una percepción amenazante, que produce angustia, ansiedad, tensión, sobrecarga, preocupación; esto provoca un sufrimiento anticipatorio. Esta reacción, precisamente, es el piloto automático que venimos mencionando.

Ante cualquier amenaza percibida, la reacción automática es de resistencia y tensión, con los consecuentes síntomas psicofisiológicos; esto mismo sostenido en el tiempo no es viable.

"De la tensión a la atención" alude justamente a ese pasaje de una reacción automática a una respuesta consciente, intencionalmente elegida, valiosa, que se logra entrenando la atención.

Veamos un ejemplo: Juan trabaja en una oficina nueve horas al día frente a su computadora; tiene un jefe al que no tolera mucho, por quien se siente presionado cuando le exige tiempos de entrega de determinadas tareas.

Juan percibe que la situación lo supera y ya no puede hacerle frente. Sale del trabajo muy enojado y maldiciendo a su jefe. Se sube al subte y sigue pensando en todo lo malo de su empleo; luego nota las pésimas condiciones en que viaja y esto lo lleva aún más a sentir lo detestable que es todo. Llega a su casa malhumorado y contesta de manera agresiva; sigue pensando y hacia el final del día se siente mal por continuar enojado. No puede dormir y al día siguiente vuelve al trabajo desganado, con menor tolerancia aún, lo que le genera nuevas preocupaciones frente a la jornada. El círculo recomienza una y otra vez predisponiendo a Juan a enfermar, ya que el estrés influye en todos los sistemas: nervioso, endócrino, inmune, digestivo, circulatorio, linfático, óseo, reproductor, respiratorio, urinario y muscular.

Juan responde automáticamente frente a la amenaza con enojo (reacción emocional), pensando lo mismo continuamente (reacción conductual), sin poder dormir, transpirando (reacción fisiológica) y se preocupa sin cesar (reacción cognitiva). Es un automático continuo que, sostenido en el tiempo, resulta estrés crónico.

Juan no es consciente de todo esto, solamente sabe lo mal que se siente y ese es el punto para poder comenzar a hacer algo diferente, ya que reconocer la situación es el primer paso para cambiar.

¿Cómo romper entonces ese círculo y salir del piloto automático? ¿Qué es lo primero que Juan podría hacer? Dejaré estas preguntas abiertas para profundizar a continuación.

Estrés y las funciones del cuerpo

Estas son algunas de las repercusiones del estrés en el cuerpo:

Aumentan las funciones cardiovasculares y respiratorias: Para que los músculos funcionen, necesitan nutrientes que están en la sangre. Para llevarlos rápidamente, se aumentan los latidos del corazón y se incrementan la presión sanguínea y la frecuencia respiratoria. Se lleva la sangre a los músculos que ejercitarán tensión.

Moviliza energía: Recupera la que se iba a acumular, con lo que inhibe los procesos de acumulación e impulsa los de recuperación de la energía acumulada. Genera nueva energía a partir de formas simples (por ejemplo, azúcar).

Agudiza la cognición: Aumenta la velocidad de la memoria emotiva: ayuda a recordar cómo fue manejado el mismo estresor en anteriores ocasiones y cómo escapar para sobrevivir. Con este fin, aumenta el nivel de percepción que permite captar y evaluar con rapidez el lenguaje corporal del atacante.

Se incrementa la sensibilidad a los estímulos: todos los sentidos se hallan focalizados en la amenaza, por lo que la atención se vuelve selectiva, se pierde la visión global y disminuye la concentración en otros estímulos. Aumenta la velocidad de reacción.

<u>Mejora la respuesta inmune durante la fase aguda (0 a 8 minutos de establecido el estrés)</u>: Se liquidan los glóbulos blancos viejos o que funcionan mal, se aumenta la producción de leucocitos T, asociados a la lucha de los agentes exógenos, y crece la producción de células inflamatorias, que facilitan la recuperación de tejidos dañados

Al mismo tiempo, se suprimen procesos que consumen energía:

<u>Digestión</u>: Deja de producir ácidos digestivos y de reparar las paredes mucosas. Estómago e intestino delgado cesan su movimiento. El intestino grueso se mueve velozmente: diarrea instantánea, a fin de eliminar peso.

<u>Crecimiento</u>: Inhibe la reconstrucción celular y aumenta la recuperación de energía.

<u>Reproducción</u>: Se inhibe la producción de células reproductivas, proceso que demanda mucha energía.

MINDFULNESS – ATENCIÓN

Volvamos a Juan y a la pregunta anterior: ¿qué es lo primero que él podría hacer para romper el círculo?

En primer lugar, notar lo que está sucediendo, lo que está sintiendo, lo que está pensando, lo que está haciendo y cómo esto lo afecta. Es decir, tomar conciencia de su situación presente, tanto la interna como la externa.

Está el estresor original (primer escalón de estrés o primer movimiento): trabajo, jefe. Pero luego aparece el estrés por el estrés (segundo escalón o segundo movimiento, y en subida). Dijimos que Juan trabaja nueve horas, pero en realidad está trabajando veinticuatro, ya que mientras viaja sigue maldiciendo a su jefe e incluso continúa reaccionando en su casa también: no ha desconectado su piloto automático.

El primer paso es notarlo, para luego poder desconectarlo. Aclaremos que no se trata de no tener estrés o ansiedad ni de que ese primer escalón no exista, sino de evitar subir al segundo escalón y a los siguientes, desactivando así la cronificación. El primer escalón producirá dolor, pero seguir subiéndolos nos llevará de seguro al sufrimiento.

Como postula la famosa frase de Buda, "El dolor es inevitable, el sufrimiento es opcional". Esto implica que podemos elegir y para eso necesitamos primero darnos cuenta de esa posibilidad.

Por eso afirmamos que Mindfulness no quita el estrés sino que ayuda a reducirlo y sostenemos que su práctica no pretende sustituir otros tratamientos médicos ni psicológicos.

Programa de reducción de estrés basado en mindfulness (MBSR – Jon Kabat Zinn)

El doctor Jon Kabat Zinn creó el programa de reducción de estrés basado en Mindfulness, conocido como MBSR (*Mindfulness Based Stress Reduction*), que fue desarrollado a finales de 1980 en el Centro Médico de la Universidad de Massachusetts, EE.UU.

Desde entonces, él se ha convertido en un referente en medicina mente-cuerpo y llegando a tener influencia en las terapias cognitivas conductuales de tercera generación.

Estas, conocidas como terapias contextuales conductuales o de tercera ola son tratamientos psicoterapéuticos basados en los mismos principios del Mindfulness, que pueden incluirlo en sus intervenciones. Así sucede por ejemplo con la terapia de aceptación y compromiso (ACT, Hayes et al., 1999); psicoterapia analítica funcional (FAP; Kohlenberg y Tsai, 1991); terapia de conducta dialéctica (DBT; Aramburu, 1996; Linehan, 1993); terapia integral de pareja (IBCT; Jacobson y Christensen, 1996); terapia cognitiva basada en Mindfulness para la depresión (MBCT, Segal, Williams, y Teasdale, 2002), entre otras.

MBSR es una intervención práctica y psicoeducativa que tiene como finalidad reducir el malestar psicológico y es una de las intervenciones complementarias y alternativas reconocidas por el Instituto Nacional de Salud (NIH) de EE.UU., dentro de la denominada medicina mente-cuerpo.

La medicina mente-cuerpo se centra en las interacciones entre el cerebro, la mente, el cuerpo y el comportamiento, y en la forma en que los factores emocionales, mentales, sociales, espirituales y del comportamiento afectan a la salud.

El programa MBSR consiste en el desarrollo del Mindfulness, en lo fundamental, una forma especial de prestar atención conscientemente al momento presente, suspendiendo los juicios.

Este programa se lleva a cabo durante ocho semanas.

Consta de una sesión previa de presentación del programa de una hora y media de duración, gratuita y de asistencia obligatoria para quien quiera hacer el mismo; un día a la semana, una sesión de dos horas y media durante ocho semanas y una sesión intensiva de ocho horas en fin de semana. Dura 30 horas en total. Se trabaja con un libro y un juego de audios para la lectura y práctica en casa.

Tiene como objetivos aprender a desarrollar calma física y mental, practicar la atención al momento presente sin juzgar ni reaccionar, entrenar una variada gama de métodos de atención plena/ Mindfulness, reconocer nuestros síntomas de estrés y así poder reducir sus efectos en nuestra salud.

Nos facilitará también desenvolvernos en situaciones complejas, cargadas emocionalmente, permitiéndonos elegir la respuesta más adecuada en cada caso (en lugar de reaccionar sin pensar) y aumentar nuestra empatía y comprensión.

CAPÍTULO 4
ENTRENANDO MINDFULNESS:
El arte de ser para dejar de hacer

LAS PRÁCTICAS

Ejercitar la conciencia plena implica emplear ejercicios para entrenar la atención y permanecer en el presente con total aceptación.

Podemos mencionar dos tipos de prácticas de Mindfulness.

Por un lado, la formal, que es aquella que tiene que ver con "sentarse a meditar, practicar", que se realiza siguiendo ciertos lineamientos, estimando un tiempo para la misma y estableciendo un lugar para realizarla. Por ejemplo, ejercicios de Mindfulness como el escaneo corporal, la atención en la respiración o Mindfulness en movimiento, practicados en lugares y momentos establecidos.

Por otro, la práctica informal, que tiene que ver con aplicar Mindfulness en la vida diaria, en las actividades cotidianas. No necesitamos instaurar tiempos ni lugares específicos: se trata de aplicarlo en circunstancias cotidianas, como por ejemplo mientras cocinamos, nos bañamos, caminamos y en cualquier otra actividad de la vida diaria. Esta práctica tiene a favor que no consume tiempo extra. Yo la llamo también "Mindfulness portátil", ya que esté uno donde sea, puede disponer de esta cualidad de atención plena, que está siempre "a mano".

Tanto la práctica formal como la informal, ambas, son indispensables. No hay posibilidad de emplear una sin la otra.

De nada sirve hacer solamente práctica formal si no la aplicamos en la vida cotidiana y, a la vez, necesitamos de la práctica formal para tener nuestro espacio en donde cultivar la atención plena para poder llevarla una y otra vez a la vida diaria.

¿Qué hacemos entonces al practicar?

Mantenemos la atención centrada en el presente, en la experiencia inmediata; puede ser un objeto, la respiración, el cuerpo, pensamientos, emociones, etcétera. Aparezca lo que aparezca en la mente, simplemente lo observamos, con una actitud de apertura amable y ecuánime. Notamos lo que sucede y soltamos para luego llevar la atención hacia donde lo deseamos.

Parece sencillo de hacer y realmente lo es si nos limitamos a cortos períodos (segundos). Lo que no resulta fácil es mantener esa atención durante lapsos más prolongados (minutos).

Pronto, sin darse cuenta, se descubre que la atención está orientada hacia un objeto distinto del que inicialmente se había propuesto. La mente, como dijimos previamente, tiende a moverse y a no permanecer en quietud.

Cuando eso sucede en la meditación, lo que hay que hacer es registrar lo que ha pasado (ayuda poner nombre al fenómeno que nos ha distraído: pensamiento, emoción, recuerdo) y volver con suavidad al objeto que habíamos elegido como ancla atencional.

Fijar la atención en algún estímulo presente (como por ejemplo, la respiración) nos ayudará a darnos cuenta cuando la misma se pierde y ya no tenemos conciencia de ese estímulo; entonces, podremos volver a focalizarla una vez más.

No tiene importancia cuánto demoremos en tomar conciencia de que la atención se ha ido: lo que importa del ejercicio es traerla de regreso una y otra vez, amablemente, sin juicio alguno, ya que no es necesario. Insisto: lo esperable es que la atención no permanezca por mucho tiempo.

Por otro lado, me gustaría aclarar que no hay una manera correcta de hacer Mindfulness, solamente se trata de traer la atención una y otra vez, permaneciendo y explorando el presente con total aceptación y predisposición.

El objetivo no es que la mente no se vaya, sino traerla de regreso una y otra vez, ejercitando el "músculo de la atención", como si fuera un entrenamiento de gimnasia para bíceps en el que bajamos y subimos el peso. Podemos imaginar que lo mismo sucede con la atención: cuando baja se va y la traemos al subir: así vemos cómo se mueve el músculo.

Al iniciarse en la práctica, el objeto más recomendado para focalizar la atención es la respiración. Algunas de las ventajas es que siempre está ahí, siempre la llevamos con nosotros y no es algo que haya que ir a buscar.

Otra ventaja, como hemos visto en el Capítulo 2, es que ella ocupa un lugar privilegiado entre el cuerpo y la mente; ambos se aquietan a medida que la respiración se va calmando.

Es de suma importancia tomar conciencia del importante rol que desempeña la respiración, que también ocupa un lugar equidistante entre lo voluntario y lo involuntario. Podemos controlarla a voluntad (dentro de ciertos límites), pero si nos olvidamos de ella y la dejamos en paz (como sucede durante el sueño), seguiremos respirando con toda normalidad, sin intervención alguna de nuestra volición.

Me gustaría agregar también que las personas con problemas respiratorios (por ejemplo, asma) pueden tomar otro objeto, como por ejemplo una parte del cuerpo.

Por último, y antes de describir algunas de las prácticas, una aclaración final: no se trata de "pensar" en la respiración, sino de atender al lugar donde más sencillo nos resulta sentirla (experiencia corporal, no cognitiva). Por ejemplo: la entrada y salida de aire en los pulmones, el movimiento del pecho, el movimiento del abdomen, el roce y temperatura del aire a través de las fosas nasales.

En el próximo apartado veremos algunas de las prácticas formales e informales. Las primeras están disponibles gratuitamente en internet, guiadas en formato de audio, a través de la web de Espacio Mindfulness (http://www.espaciomindfulness.com) o en el canal de Youtube (http://www.youtube.com/c/EspacioMindfulness).

También aparecerán buscando Espacio Mindfulness en la página principal de Youtube.com

Prácticas formales

A) Escaneo corporal

Se trata de recorrer el cuerpo con nuestra atención, registrando todo tipo de sensaciones o incluso la ausencia de ellas, como por ejemplo, temperatura, puntos de apoyo, sensaciones en la piel, peso, entre otras.

Luego, cada vez que notes que tu atención no está en el cuerpo, la traes nuevamente a él.

Durante la práctica es deseable que encuentres un lugar tranquilo, en lo posible carente de ruidos intensos o distracciones y que trates en lo posible de no ser interrumpido.

Es importante que tengas en cuenta el autocuidado del cuerpo y procures adoptar una postura relajada, cómoda, que no exija tensiones ni esfuerzos innecesarios.

La práctica de la exploración guiada del cuerpo se puede realizar acostado sobre una manta o colchoneta o bien sentado en una silla con respaldo recto, brazos y piernas descruzados y con los pies descalzados apoyados sobre el piso.

Durante la exploración, si observás que aparecen pensamientos, cualquiera sea la intensidad de los mismos, o simplemente que la mente se distrae, recordá que siempre podés volver al momento presente trayendo la atención a la respiración y al cuerpo.

Nuestra respiración es utilizada como un ancla en el momento presente: siempre podemos confiar en ella para volver, estemos donde estemos.

La práctica del escaneo corporal puede resultar útil frente a problemas de insomnio, ya que es fácil caer dormido durante la misma. Si al practicarla notás que te estás quedando dormido, podés abrir sutilmente los ojos, centrar la mirada en un punto fijo y luego retomarla.

Si te has quedado dormido y pudiste despertar, seguirás en el lugar en donde se encuentre la grabación, sin juzgar y aceptando el momento tal cual se presenta.

Si decidís utilizarla como posible medio para ayudar a conciliar el sueño, la sugerencia es que luego, en otro momento del día, la repitas para practicar Mindfulness, que justamente se trata de lo contrario: de estar despierto y atento.

Cualquiera sea la posición que hayas elegido, comenzando con la práctica, vas a centrar tu atención en la respiración, observando cómo entra y sale, conectando las sensaciones de tu cuerpo con una mente curiosa que explora.

Quizá puedas percibir el movimiento del abdomen apoyando las manos sobre él, notando cómo sube y baja tras inhalación y exhalación, tomando conciencia de que en este preciso momento no hay más nada que hacer, salvo registrar, ya que la respiración sucede por sí misma y no es necesario modificar la forma en que estás respirando. Se trata simplemente de observar lo que está sucediendo en este momento, tal y como es.

Así comenzamos a percibir cómo se siente el cuerpo "aquí y ahora", estando sentado o acostado.

Permití que los ojos se cierren suavemente; si tenías las manos sobre el abdomen, volvés a colocarlas a los costados del cuerpo o con las palmas de las manos sobre los muslos, si estabas sentado.

Percibís los puntos de apoyo del cuerpo sobre el suelo, descubrís cómo está en contacto con él en ese momento y dejás que el peso descanse y el suelo lo sostenga, como dejándote absorber por él.

Llevás la atención desde tu abdomen hacia el pie izquierdo, explorás qué sucede allí; tal vez puedas sentir los dedos del pie, reconociendo que no es necesario moverlos sino tan solo observar las sensaciones que se presentan.

Reconocés la temperatura o sensación de humedad, el aire que acaricia el pie izquierdo, el roce con la media o simplemente observás la ausencia de sensaciones en ese pie.

Se trata de estar receptivo y curioso, abierto a la experiencia, sin necesidad de cambiar ni forzar nada; simplemente, observando.

Llevás ahora la atención hacia la planta del pie izquierdo, sintiendo el arco, borde externo, interno, sensaciones en el empeine, notando si aparecen otras en la piel, diferencias de temperatura y permitiendo que la atención descanse aquí por un momento.

Trasladás ahora la atención al tobillo izquierdo y descubrís sensaciones en huesos, ligamentos, tensiones, alivio, dolor, sensaciones placenteras o neutras… Permanecés en calma ante lo que sucede, descubriendo si las percepciones cambian, notando la impermanencia.

Ahora, llevás la atención a la pantorrilla izquierda, observando sensaciones por delante y por detrás, temperatura, impresiones a nivel de la piel, tensiones, mientras permitís que la atención descanse en esta zona y permaneciendo allí, aceptando ese momento con esas sensaciones o con la ausencia de ellas tal cual se da, sin necesidad de juzgar.

A continuación inhalás y llevás la atención hacia la rodilla izquierda, percibiendo el hueso por delante, el hueco por detrás y observando qué sensaciones presentes o ausentes se registran allí.

Luego llevás la atención hacia el muslo y cadera izquierdos, tomando conciencia de la piel, su presión y su peso sobre el suelo, la articulación de la cadera y los puntos de apoyo, siempre atento y curioso, abierto a la experiencia sin necesidad de modificar nada de lo que sucede.

A medida que exhalás, ampliá tu atención para incluir toda la pierna izquierda desde el dedo gordo del pie hasta la cadera y observando, permaneciendo allí durante un momento, con conciencia de la presencia y la sensibilidad de toda tu pierna izquierda.

A continuación, llevás la atención al pie derecho, observando las sensaciones en cada dedo, la distancia entre ellos, la piel, el roce con la media, para explorar luego la planta del pie derecho, borde externo e interno, el tobillo, las sensaciones o ausencia de ellas en el empeine, notando los puntos de apoyo del pie con el suelo.

A medida que exhalás, trasladá la atención a la pantorrilla derecha observando sensaciones por delante y por detrás, temperatura, impresiones en la piel, tensiones, permitiendo que la atención descanse en esta zona y permaneciendo allí un instante.

Llevás la atención hacia la rodilla derecha, percibiendo el hueso por delante y el hueco por detrás y observando qué sensaciones presentes o ausentes registrás en ella, sus ligamentos y meniscos. Explorá curiosamente si las mismas cambian a medida que la atención permanece.

En la siguiente inhalación permitís que la atención se desplace hacia el muslo y cadera derechos, con conciencia de las sensaciones a nivel de la piel, la presión y el peso del muslo sobre la tierra, articulación de la cadera y puntos de apoyo en el suelo o sobre el asiento.

A medida que exhalás, expandí tu foco atencional a toda la pierna derecha completa desde la cadera a los dedos del pie, sintiendo puntos de apoyo, temperatura, sensaciones en la piel y notás si hay diferencias con la pierna izquierda, ampliando la atención a ambas.

Ahora la atención se dirige a la zona de la pelvis para registrar las sensaciones por debajo del abdomen, la zona del sacro apoyada sobre el suelo por detrás y la zona genital.

Tal vez percibas el suave movimiento de la pelvis que acompaña la respiración mientras observás qué sucede momento a momento.

Lentamente redirigís la atención hacia los glúteos y la región baja de la espalda, la zona sacrolumbar. Tal vez aquí percibas tensión o surjan emociones asociadas; registrá los músculos a lo largo de la espalda, sintiendo las vértebras de la columna, observando cuáles están en contacto con el suelo o el respaldo y cuáles no.

Si aparece algún dolor o emoción, simplemente lo observás y lo dejás allí, permaneciendo en el momento presente respiración tras respiración, aceptando la realidad tal cual es, sea agradable o no.

Lentamente, desplazás la atención a la zona media de la espalda, vértebras dorsales, sintiendo lo que sucede en esta zona y cómo acompaña el ritmo de la respiración. Notá los puntos de contacto.

Ahora dirigí la atención a la zona superior de la espalda (hombros, omóplatos) y registrá todo tipo de sensaciones en la piel, tono muscular, percibiendo diferencias en ambos laterales, zonas de contacto y no contacto con el suelo o el respaldo. Notá si hay alguna tensión, dolor, contractura y respirá con ello, dando lugar a todo tipo de sensaciones, sean agradables o desagradables.

No pretendemos que el momento sea de placer o de relajación (si sucede, bienvenido sea, pero no es una meta); simplemente, la intención es notar y aceptar, soltar. Y si tu atención se fue, atraela nuevamente hacia el cuerpo.

Trasladá ahora la atención hacia el abdomen, observando sensaciones presentes o ausentes allí, y percibiendo el movimiento que acompaña la respiración, sin necesidad de alterar nada de lo que sucede.

Dirigí entonces la atención al pecho, incluyendo la caja torácica, notando tal vez que el movimiento de la respiración la eleva y hace descender; si hay tensión, incomodidad o alivio, permanecé plenamente con lo que sea que haya aparecido. Se trata de notar y de soltar: no hay nada que controlar. Posiblemente también hayas logrado percibir el ritmo de los latidos del corazón.

Ahora, llevá la atención a los hombros incluyendo clavículas y músculos, notando qué sucede allí, qué surge, qué hay, percibiendo el peso de los hombros y la temperatura de la zona.

Trasladá la atención a las manos y observá las sensaciones en las yemas de los dedos, a nivel de la piel, contacto del aire, de las manos sobre el suelo (o sobre los muslos, si estás sentado), de cada uno de los dedos y la distancia entre ellos.

Tras una exhalación, subí la atención hacia los antebrazos, percibiendo el contacto con el suelo, incluyendo los codos y recorriendo la totalidad de los brazos desde las manos hasta los hombros, observando si hay diferencias de temperatura de un brazo a otro y sensaciones en la piel. Ahora seguí con la atención hacia la garganta, registrá el cuello por delante y por detrás, observando con curiosidad qué sucede al tragar, que sentís, así como también si aparecen tensiones en la zona cervical (que puede acumular tensión y malestar) pero tan solo permaneciendo con curiosidad ante la experiencia, sin juzgar lo que sucede.

Llevá la atención a la cara, notá si hay tensión innecesaria en los maxilares; conectate con los labios, su apoyo, la lengua, la cavidad de la boca, los dientes y encías. Prestá atención adonde haya tensión y observá si, con tan solo darte cuenta, ellas van cediendo o no.

Dirigí tu atención hacia la nariz, las fosas nasales, el aire que entra y sale, verificando si la temperatura es la misma al inhalar que al exhalar, si aparecen movimientos en las fosas tras las respiraciones y observando qué sucede en esa zona, permitiendo que la atención descanse por un momento frente a la entrada y salida del aire, sin necesidad de cambiar nada de lo que está sucediendo, aceptando las sensaciones tal cual aparecen momento a momento.

Mové la atención hacia los pómulos, los ojos y sus músculos, los párpados, las pestañas y cejas, siempre observando qué sucede. Incluí las orejas y las sensaciones presentes o ausentes en ellas desde el exterior hacia el interior y notá cómo a través del oído se llega a percibir hasta el mismo silencio.

Lentamente, dirigí la atención hacia la frente y registrá si hay tensión en el entrecejo y las cejas; ahora tomá conciencia de las sensaciones en toda la cara, el contacto del cuero cabelludo sobre el suelo, el peso de la cabeza y su apoyo.

Finalmente, ampliá tu atención para percibir el cuerpo en su totalidad, cómo el aire entra y sale y se distribuye por él y conectate con la mayor cantidad de sensaciones posibles, descansando, presente en el aquí y el ahora.

Luego de estos minutos de quietud quizá notes deseos de moverte; lentamente, comenzá a realizar el movimiento que demande tu cuerpo y experimentá qué se siente al salir de la quietud: cómo cambian los músculos, las tensiones. Realizá un movimiento a la vez, de manera muy atenta.

Abrí los ojos suavemente; finalizaste la práctica.

B) Respiración

La conciencia, atención en la respiración, es la práctica más clásica y básica de la meditación.

La idea que propongo consiste simplemente en notar la respiración a través del cuerpo sin intentar modificarla, tal cual se manifieste, siguiendo su ritmo una y otra vez. Cuando adviertas que tu atención ya no está allí, traela nuevamente a la respiración.

Practicá sentado (en silla, *zafu* o cojín de meditación), en cualquier sitio donde estés cómodo, procurando mantener la espalda erguida.

Al igual que en todas las prácticas formales, siempre que sea posible sugiero elegir un ambiente preferentemente silencioso, libre de posibles interrupciones o distracciones. En caso de que no lo sea, estará bien igual: no es motivo de preocupación, solo será mayor el desafío.

Cerrá lentamente los ojos, tomando conciencia de la postura, el eje de equilibrio, los puntos de apoyo del cuerpo, notando el silencio que acompaña y los sonidos que se escriben en él, como puede ser incluso el sonido de la respiración.

Para realizar esta práctica, llevá tu atención a la respiración. Para esto, notá en qué zona de tu cuerpo te es más fácil registrar la sensación de la respiración. Puede ser en el abdomen, al sentir que el mismo se hincha y se deshincha con cada inhalación y exhalación, o en el pecho, al notar cómo se eleva y desciende con cada inhalación y exhalación, o en las fosas nasales, al observar el roce del aire y la temperatura al inhalar y exhalar.

Seguí la respiración desde que comenzás a inhalar hasta que te vaciás completamente de aire.

Observá cómo está en este momento tu respiración (si es lenta, profunda, ligera, entrecortada) sin necesidad de alterarla, simplemente percibiéndola tal cual es, continuamente, desistiendo de todo intento de control.

La práctica consistirá una y otra vez en notar y soltar el control, el piloto automático. De ese modo, soltaremos el cuerpo y las tensiones. No se trata de notar y no poder despegarse, sino de flexibilizar el movimiento atencional y elegir la dirección. Obsesionarse con la práctica no es Mindfulness.

Es posible que a medida que pase el tiempo registres cambios en el ritmo de la respiración y en el cuerpo. Si esto sucede, simplemente aprécialo.

A partir de este momento, cualquier pensamiento o emoción que pueda aparecer está permitido, simplemente lo observás, notándolo y ya, es todo.

Si encontrás que tu atención se fue a pensamientos, recuerdos, preocupaciones, emociones o simplemente distracciones, traela nuevamente con paciencia y amabilidad a la respiración, sin necesidad de juzgar. O, en todo caso, date cuenta de que estás juzgando y abandoná, soltá el juicio, trayendo la atención a la respiración una y otra vez. **Notá, soltá y volvé.**

Tomá unos minutos para practicar la atención en la respiración y traerla cuando notes que ya no está presente.

En esta práctica, recordá que la respiración es el ancla al momento presente.

Llevá ahora tu atención al cuerpo, notando la respiración a lo largo y a lo ancho, cómo respira y vive. Podés imaginar el aire entrando y saliendo a través de los poros de la piel: esto te hará aún más consciente de la sensibilidad del cuerpo y la respiración.

Mientras respirás, ampliá tu atención a los sonidos, notando con todo el cuerpo los estímulos auditivos que puedan aparecer encima del silencio. Incluso si tu mente tiende a imaginar o representar el sonido, soltá, volviendo a la experiencia del cuerpo y de los sentidos.

Llevá ahora la atención a los pensamientos, registrando qué aparece, observándolos pasar por tu mente.

Puede que incluso no los notes o no te aparezcan. Cuando le damos permiso, la mente se tranquiliza.

Volvé a la respiración notando su ritmo en este momento, y su diferencia con respecto a unos minutos atrás.

Observá el cuerpo que respira, tomá tres respiraciones profundas y abrí los ojos para finalizar la práctica.

C) Movimiento

Con estas prácticas pretendemos, por un lado, tomar conciencia de cada movimiento y, por otro, estirar nuestro cuerpo.

Emplearemos distintos movimientos de estiramiento (provenientes del yoga, en su mayoría), para tomar conciencia del cuerpo y sus cambios al realizar las distintas posturas.

Se trata de aprender a darnos cuenta de lo que es un cuerpo en tensión y un cuerpo relajado y, a la vez, apreciar también cómo el trabajo con el cuerpo afecta a la mente.

Un cuerpo en tensión implica una mente agitada, tensionada, así como un cuerpo relajado señala una mente en ese estado. Notar la diferencia entre tensión y distensión resulta clave también a la hora de cambiar posturas que habitualmente adoptamos de manera automática y que no nos hacen bien, como por ejemplo permanecer encorvados frente a la computadora, en el trabajo.

Hay muchas actividades que hacemos de forma automática, sin tomar conciencia de nuestro cuerpo, de nuestra postura y mucho menos de nuestras tensiones.

Muchas personas creen que el cuerpo no afecta a la mente. Pero no es así, ya que cuerpo y mente, como dijimos en el apartado anterior, no son entidades separadas ni desconectadas.

Es importante registrar cómo está nuestro cuerpo, cómo lo afecta cada postura y elegir aquellas que nos permitan estar más relajados. Es de vital importancia el autocuidado corporal. No se trata de lograr determinada postura ni de ser el mejor de la clase al estirar el cuerpo, sino de poner plena atención, ver hasta dónde permite el cuerpo y tomar conciencia del estiramiento y el movimiento. Solo se pretende tomar conciencia.

Puede ser de suma utilidad también ser capaz de notar qué movimiento o estiramiento precisa nuestro cuerpo en cada momento. Podremos evitar unas cuantas sesiones de kinesiología si estamos más atentos a nuestras necesidades del momento y logramos soltar tensiones innecesarias.

Ante cualquier dificultad, problema o patología, será siempre indicado consultar previamente al médico para que verifique si hay algún ejercicio que no se pueda hacer o que está contraindicado para determinada condición clínica. No deberán hacerse ejercicios sin supervisión. Los aquí descriptos sirven como referencia, tienen carácter ilustrativo y no constituyen un manual de entrenamiento.

Algunos estiramientos se hacen de pie y otros sentados. Me limitaré a describir algunos de ellos.

Algunos para hacer de pie:

Estiramiento lateral de brazos: Alargar bien alto el brazo derecho como si la mano quisiera tocar el cielo y sentir el estiramiento lateral del cuerpo, las sensaciones en el brazo y en la mano y yema de los dedos, percibiendo la circulación. Bajar y notar la diferencia entre ambos brazos. Repetir con el izquierdo y finalmente hacerlo con los dos brazos al mismo tiempo.

Rotación de cuello / cabeza: Bajar el mentón, dejar caer el peso de la cabeza, comenzar lentamente a llevar la misma hacia la izquierda; detenerse, notar la distancia de la oreja izquierda al hombro del mismo lado, observar el estiramiento en el lateral opuesto del cuello. Luego llevar la cabeza hacia atrás levemente sin dejar caer el peso de la misma para no lastimar, notando cómo se abre la garganta por delante. Continuar la rotación hacia la derecha, nuevamente notando la distancia de la oreja al hombro y el estiramiento lateral izquierdo del cuello. Volver hacia adelante con la cabeza hacia abajo notando cómo se abren las vértebras cervicales e invertir el giro.

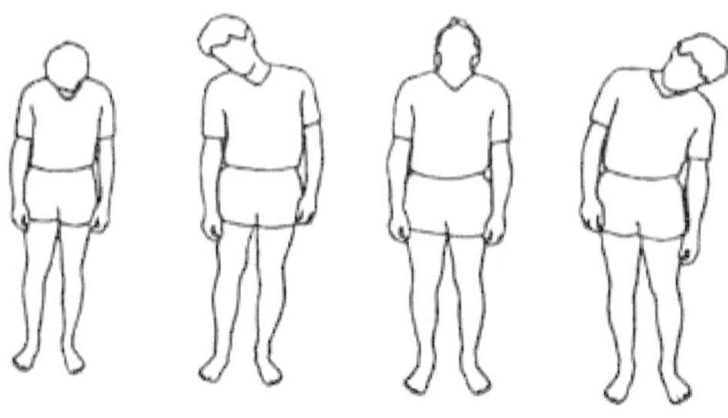

Rotación de hombros: Podemos acompañarla con la respiración, inhalando al llevar los hombros hacia atrás, abriendo bien el pecho, y cerrando las vértebras de la espalda, hacia arriba reteniendo la respiración y hacia adelante, exhalando y cerrando el pecho, abriendo la espalda.

Y, de manera inversa, inhalando al llevar los hombros hacia adelante, abriendo las vértebras de la espalda, los omóplatos, llevando luego los hombros hacia arriba reteniendo la respiración y exhalando al abrir el pecho.

Estas rotaciones pueden hacerse incluso exagerando el movimiento de los brazos.

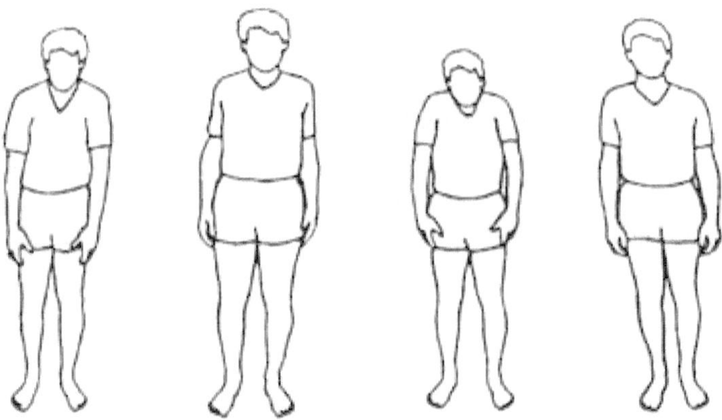

<u>Estirar la espalda</u>: Separar los pies a la altura de las caderas, flexionar levemente las rodillas (también se pueden dejar las piernas estiradas), bajar el mentón dejando caer la cabeza e ir llevando la misma hacia el suelo, de manera que el cuerpo vaya bajando hasta donde se llegue, sin forzar. Luego, tomarse con cada mano de cada pierna, notando cómo se abren las vértebras de la espalda, sintiendo el estiramiento hasta la zona lumbar, reteniendo la postura unos segundos para subir después muy lentamente, apilando vértebra por vértebra, hasta acomodar al subir los omóplatos, hombros y cabeza.

Podemos repetir el ejercicio, pero en lugar de tomarse de ambas piernas, se puede hacer con una sola, luego volver al centro, tomarse de la otra pierna, centro de nuevo y finalmente subir.

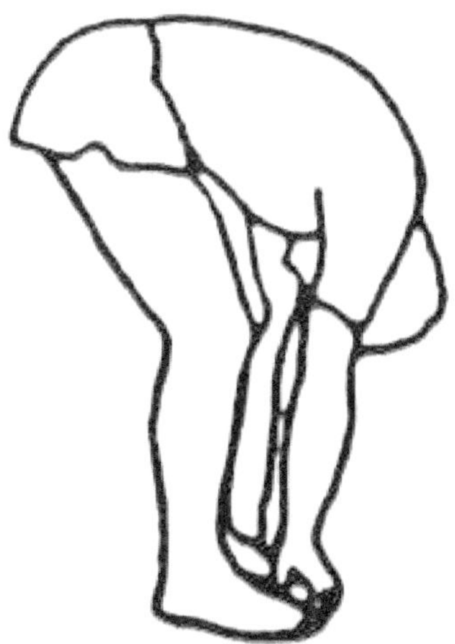

<u>Estiramientos de cadera</u>: Llevar las manos a la cintura y rotar solamente el torso, manteniendo las piernas hacia el frente. Girar hacia un lado manteniendo la postura y notando el estiramiento, y luego hacia el otro.

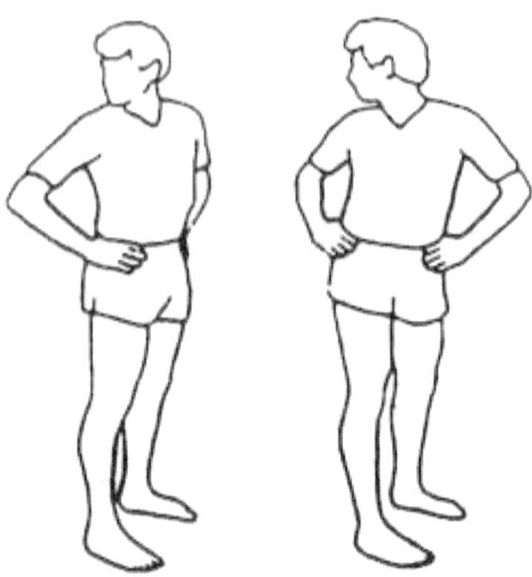

Sentados en el suelo (se recomienda hacerlo sobre una colchoneta o yoga mat):

<u>Estiramiento posterior</u>: Llevar la planta del pie derecho hacia el muslo izquierdo, mientras la pierna izquierda está estirada y bajar suavemente el torso, desde la zona lumbar hacia adelante, tomándose con las manos de la pierna estirada y, de ser posible, hacer descender levemente la cabeza. Si el músculo tira mucho, se puede flexionar levemente la rodilla de la pierna estirada. Repetir con la otra pierna.

<u>Espalda</u>: Llevar la rodilla izquierda hacia el pecho, tomarla con las manos abrazando la pierna y llevar la frente hacia ella como para tocarla, aflojando el peso de los brazos y hombros, que suelen tensarse innecesariamente. Percibir la distancia de la rodilla a la frente y notar la apertura de las vértebras cervicales. Repetir con la otra pierna y luego con las dos al mismo tiempo, llevando la cabeza hacia adelante. Notar la zona cervical, dorsal y sacrolumbar.

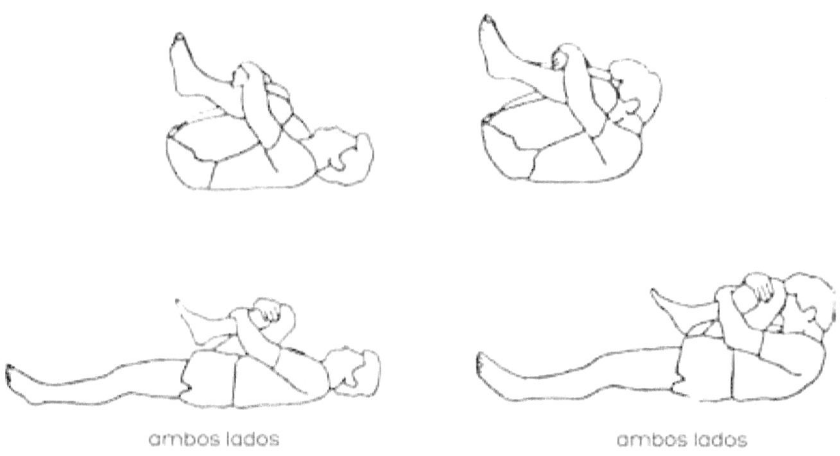

<u>Espalda y pelvis</u>: En cuatro patas, con las manos separadas al ancho de los hombros y las rodillas al ancho de las caderas, inhalar mientras se arquea la espalda y levantar la cabeza para mirar hacia arriba, sacando la cola hacia afuera. Exhalar en el movimiento inverso, metiendo la cabeza hacia dentro, llevando el mentón al pecho y arqueando la espalda hacia afuera.

Estiramiento, concentración y equilibro: En cuatro patas, se apoyan las manos en el piso a la altura de los hombros y las rodillas a la altura de las caderas. Estirar el brazo izquierdo levantando la vista hacia la mano izquierda y, al mismo tiempo, estirar la pierna derecha. Notar los puntos de apoyo, estiramientos, distribución del peso y equilibrio. Volver a la postura inicial, invertir el movimiento, estirando brazo derecho y pierna izquierda. Se puede repetir dos veces de cada lado.

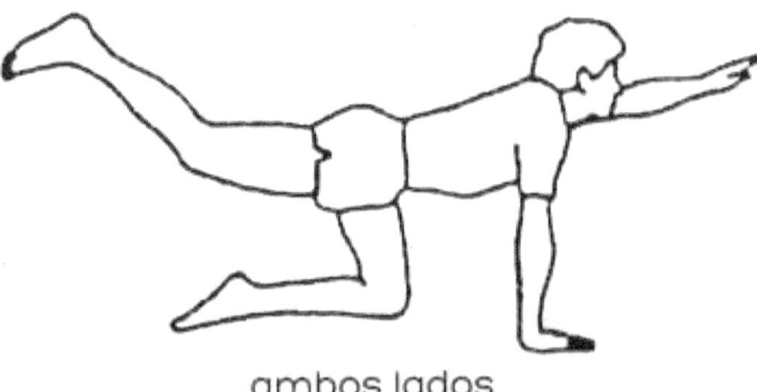

Respirar y estirar con la columna en torsión: Acostado. Con las piernas juntas y las plantas de los pies apoyadas en el piso, se entrelazan las manos por detrás de la nuca, girando la cabeza hacia la izquierda, de manera de quedar con la mirada hacia el codo izquierdo y dejando caer ambas piernas juntas hacia la derecha. De esta manera se genera una torsión en la columna; notar la respiración en esta posición. Volver la cabeza y piernas al centro y girar hacia el otro lado: cabeza hacia la derecha, dejar caer piernas hacia la izquierda. Mantener unos segundos la posición, notando el estiramiento, torsión y respiración. Volver la cabeza y piernas al centro cuidadosamente.

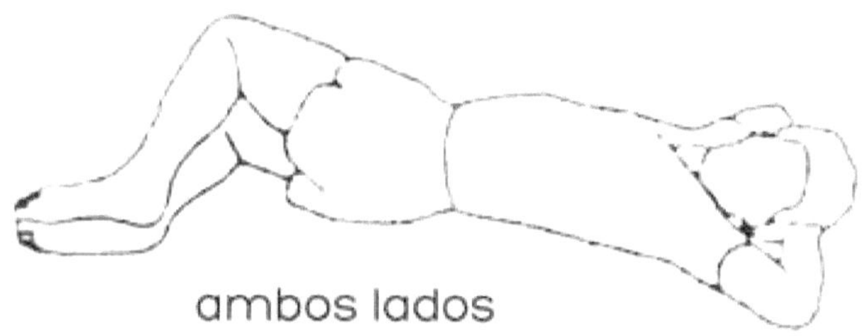

Lo cierto es que hay muchos ejercicios para hacer; tan solo describí algunos de los que se realizan en el entrenamiento de ocho semanas.

Lo importante es tomar conciencia del propio cuerpo y sus limitaciones. Los ejercicios no deben doler, pues no se trata de superarse o de lograr posturas, sino de estar atento a las mismas y flexibilizar el cuerpo dentro de los límites de cada uno.

D) Práctica de los cinco sentidos

Donde sea que estemos, podemos estar atentos. En la práctica de los cinco sentidos, todo lo que hacemos es explorar el mundo con ellos.

Sentados, acostados, de pie, caminando o como sea, comenzando por el sentido que cada uno desee.

Tacto: En una caminata, notar el apoyo de los pies; puede parecer algo obvio, pero definitivamente no lo es. Es común estar caminando con el cuerpo pero mentalmente estar en el trabajo, en la pelea del día anterior, en el estudio o en la consulta médica del día siguiente.

Percibir el apoyo de los pies, la diferencia entre uno y otro y de una vereda a otra; registrar la temperatura, las sensaciones en la piel, los diferentes puntos de apoyo en una calle que asciende o desciende, notando las sensaciones al tacto. Cuando la atención se va, recuperarla a través de la respiración y luego ir a los pies, volviendo a conectar con el presente a través del sentido del tacto.

Este ejercicio puede efectuarse también manipulando cualquier objeto, explorando texturas y notando las sensaciones que producen en nuestras manos y yemas.

<u>Vista:</u> Tomamos como ejemplo una caminata en la plaza; no se trata de verla nada más, sino de observar detalles de luz, sombra, movimiento, colores, elevaciones, objetos, tipo de césped, humedad de la tierra, recorrido de los pájaros. Observar qué sucede alrededor, las interacciones sociales, etcétera. Cuando la atención se pierde en pensamientos, se puede volver a través de la respiración y desde ella registrar visualmente el paisaje.

<u>Oído:</u> Se trata de escuchar lo que sucede. La duración de los sonidos y silencios, su intensidad, volumen y tipo (agudo o grave), los que están solapados, etcétera. Como en la caminata respecto del tacto, se pueden registrar las distintas especies de aves, sus diversos cantos, el ruido de los automóviles (notando la distancia del sonido y distinguiendo su cercanía o lejanía), la resonancia de los motores, el soplo del viento y el silencio detrás de cada uno de ellos.

<u>Olfato:</u> Percibir los diferentes aromas o, en todo caso, su ausencia. Poner esa intención en cada inhalación, sin modificar la forma en la que estamos respirando y sin forzar, una y otra vez. Es posible que en una caminata por el parque puedas empezar a distinguir entre las diferentes especies de arbustos y flores con tan solo aprender a diferenciar el aroma de cada una de ellas. En este ejercicio acompañamos la atención con la respiración. Cada vez que aquella se ha ido, volvemos a la respiración y al olfato, sin forzar, de manera amable y consciente.

<u>Gusto</u>: Este es un sentido que, si exploramos realmente con toda nuestra atención, puede llevarnos a descubrir mucho. Tomamos una comida, una bebida, un simple bocado de lo que sea, explorando desde el primer mordisco, notando las diferentes texturas en la boca, los diversos sabores que se van desplegando a cada segundo, mordisco tras mordisco, movimiento tras movimiento. Percibimos las sensaciones y sabores en la lengua desde que la comida ha ingresado a nuestra boca hasta que tragamos, sintiendo cada matiz a cada momento y movimiento.

Es muy provechoso también observar qué pasa con nuestra mente al ponernos frente alguna comida desconocida, que no nos gusta o que simplemente no hemos probado antes pero creemos que rechazaremos porque visualmente no nos resulta apetecible. Al hacer esto, podremos sentir la sensación de desagrado al llevarla a la boca. Pero, luego, si ponemos la suficiente atención al sabor, podrían pasar dos cosas: comprobar que efectivamente no nos gusta o, por el contrario, notar que poco a poco la sensación de rechazo va cediendo para registrar lo opuesto y descubrir que ese sabor no es tan malo como habíamos pensado o que incluso nos apetece comer más luego de esta experiencia. Así, los pensamientos van cambiando, la tensión en el rostro también y la resistencia deja paso al asombro, la curiosidad y la distensión.

Con comidas que nos desagradan (o que creemos que lo hacen) esto constituye todo un desafío, debido a la interferencia mental que se podrá notar y que determinará que la atención se vaya a los pensamientos. Cuando suceda esto, volveremos a través de la respiración, aceptando esas emociones, reconectando con la experiencia del gusto, más allá del rechazo. En otras palabras, lo probaremos mientras nuestra mente lo resiste.

E) Meditación de la montaña

Se realiza sentado, en un lugar calmo y, en lo posible, libre de interrupciones. Puede hacerse con una música ambiente adecuada de fondo, a bajo volumen, como acompañamiento.

Cerrá los ojos durante unos diez minutos, notando la respiración en el cuerpo y traé una y otra vez la atención a ella.

Visualizá una montaña en medio de un paisaje y contemplala durante unos minutos. Imaginá luego que sos ella, esa montaña. La base está representada por los pies y la cumbre por la cabeza, mientras te sentís, quieto y muy firme, sobre la tierra.

Observá a tu alrededor el sol, las nubes y el cielo, celeste y resplandeciente, por encima de ellas. Tu cuerpo de montaña está cálido y siente el calor del verano. Las águilas revolotean alrededor de la cima e imponen su leve sonido por encima del inmenso silencio, a plena luz del día.

Pasan las horas y a la luz le sigue la noche. Podés ver la luna resplandeciente en medio de la oscuridad, mientras notás el silencio y soledad de una noche tibia y sombría. La montaña permanece inmutable en su sitio, arraigada a la tierra.

Y así como al día le sigue la noche, el otoño llega después del verano y un nuevo amanecer se alza a la vista.

Hay viento, el canto de las aves es distinto, tu cuerpo está cubierto de hojas. Aquel celeste cielo se ha tornado gris, repleto de nubes. La temperatura ha descendido y una leve llovizna comienza a acariciar tu cuerpo de montaña.

Con el paso de las horas llega la noche, aún más fresca; estás empapado, la llovizna no ha cesado y ya se ha convertido en tormenta. Los rayos son la única fuente de luz intermitente en medio de la penumbra de la noche otoñal, que se ha tornado muy ruidosa.

La montaña permanece inmutable, presente en el mismo lugar, continuamente.

Llega un nuevo amanecer con nuevos colores. Todo se torna blanco repentinamente. Tu cuerpo está cubierto por el manto deslumbrante de la nieve del invierno. La temperatura es helada, el cielo de acero. Esta mañana no hay águilas, no se oyen cantos de otras aves. Todo es silencio. Todo es níveo y gris. Cada tanto arrecia una tormenta, que termina por pasar.

Pasan las horas, llega la noche intensamente fría. La escena es en blanco y negro. El cielo está despejado, oscuro, y tu cuerpo sigue helado, albo y muy pesado. Esta noche es aún más larga que la anterior.

La montaña permanece inmutable en su sitio, presente.

Escuchás nuevamente el canto de los pájaros, un águila a lo lejos, el sol ha reaparecido. Parece que durante la noche algo ha cambiado, pues tu cuerpo ya no está blanco, sino lleno de colores. El aroma de las flores impregna el aire. El cielo está totalmente despejado, tu cuerpo colorido y liviano. El clima es cálido y fresco a la vez.

Pasan las horas y llega la noche, calma y silenciosa.

La montaña sigue inmutable.

No es necesario llegar a ninguna parte, cada uno de nosotros es una montaña que simplemente permanece en cada momento, esté dónde esté.

La montaña que se alza majestuosa sobre sí misma, se mantiene imperturbable a través de las diferentes condiciones atmosféricas.

Y, como el clima, así son los pensamientos y las emociones, diferentes en cada momento: llegan sin avisar. Solo basta con darles la bienvenida a todas, aceptándolas, sintiendo su intensidad, aquí y ahora, volviendo a empezar.

Como en *La casa de huéspedes*, el poema de Rumi:

Ser un ser humano es como ser una casa de huéspedes. Cada mañana, una nueva llegada.

Una alegría, una depresión, una maldad, una percepción momentánea aparece como un visitante inesperado.

¡Dales la bienvenida y entretenlos a todos! Incluso si se trata de un conjunto de penas que con violencia arrebata los muebles de tu casa, aun así, trata a cada invitado con honores. Quizás te esté limpiando para dar cabida a un nuevo regocijo.

Al pensamiento oscuro, la vergüenza, la malicia, recíbelos en la puerta riendo e invítalos a pasar.

Se agradecido quienquiera que sea que venga, porque cada uno ha sido enviado como un guía del más allá.

Prácticas informales

Son prácticas de suma importancia (quizá, incluso, las más relevantes), ya que se trata de aplicar Mindfulness en nuestra vida diaria, en nuestras actividades cotidianas.

Mencionaré algunas para ejemplificar, pero su número es infinito; hay tantas como incluyas en tu vida, desde respirar hasta conversar con alguien.

Jon Kabat Zinn, en *Mindfulness en la vida cotidiana* (2009), expresa: "La concentración puede ser muy valiosa, pero también puede constituir un gran obstáculo si nos dejamos seducir por la cualidad placentera de esta experiencia interna y la consideramos un refugio que nos permite huir de la vida y de un mundo que nos resulta desagradable e insatisfactorio. Podríamos vernos tentados a evitar el caos de la vida cotidiana para refugiarnos en la calma de la quietud y la paz. Obviamente, esto no sería sino apego a la calma y, como todo apego intenso, conduce al engaño. Impide el desarrollo e interrumpe el cultivo de la sabiduría".

Llevar Mindfulness a la vida cotidiana implica estar vivo con la experiencia del momento, sea cual fuere, y que puede quedar por fuera de un espacio de silencio y quietud. Implica estar con otros, en determinados lugares, en determinado momento y con determinadas características que no siempre podemos elegir y con situaciones inciertas momento a momento.

Ya no se trata de estar sentado en un cojín, atentos a la respiración, cuando incluso podríamos afirmar que controlamos ciertas variables que podemos elegir, como por ejemplo desconectar el teléfono durante el tiempo de meditación.

Si bien podemos elegir el momento de llevar Mindfulness a las actividades de la vida diaria (por ejemplo, una caminata por la mañana en una plaza que me gusta y me genera calma), de lo que se trata es de comenzar a aplicarlo incluso en momentos que no elegiríamos estar atentos o presentes (por ejemplo, una situación de aburrimiento o de incomodidad producida por algo que no esperábamos que sucediera, un viaje en subte, en el colectivo o en medio de un embotellamiento, entre muchísimas otras).

Es importante recordar que Mindfulness implica un estado de presencia, independientemente de lo que esté sucediendo, sea placentero o displacentero.

A) Tocar un instrumento musical

Sentí el apoyo en el asiento de la banqueta de la batería. La sensación rústica de la madera de los palillos en tus manos y el roce con la yema de los dedos.

Notá los movimiento de cada pierna, el impacto en los talones y empeine al presionar cada pedal, acompañado del esfuerzo de los músculos isquiotibiales; percibí la intención de dar el golpe y el consecuente sonido.

Observá la flexión y estiramiento de cada brazo y el movimiento de muñeca y de los dedos, registrá las distintas velocidades e intensidades en cada golpe y su sonido tras pegar en algún cuerpo del instrumento, platillo o accesorio.

Sentí la temperatura de tu cuerpo en el movimiento.

Si aparecen pensamientos, recuerdos, ideas, miedos o cualquier emoción, simplemente notala, volviendo a llevar tu atención al sonido e impacto de cada golpe y a tu cuerpo. Conectá al máximo con la experiencia de tocar el instrumento y su sonido o música y el ensamble, si estás tocando con otros músicos. Percibí la experiencia de estar tocando en este preciso instante, sumergiéndote una y otra vez en la práctica física y auditiva. No hay otra cosa que hacer en este momento más que tocar tu instrumento y estar presente.

B) Comer

Tal como fue mencionado al referirnos al sentido del gusto, al tomar una comida, una bebida o un simple bocado, explorá desde el primer momento, notando las diferentes texturas en la boca, los diversos sabores que se despliegan mordisco tras mordisco, movimiento tras movimiento. Registrá las sensaciones y sabores en la lengua desde el ingreso de la comida o bebida hasta tragar, separando cada componente de sabor a cada instante. Seguí todo el trayecto de la comida hasta el estómago, totalmente presente, inmerso en esta actividad vital.

Puede ser de gran ayuda que dejes los cubiertos en la mesa inmediatamente después de que el alimento ingrese a la boca, de modo tal de concentrar mejor la atención en lo que sucede allí.

Será sumamente útil comenzar a tomar conciencia de las primeras sensaciones de saciedad, más allá de que continúe el deseo de seguir comiendo, para comenzar a diferenciar deseo de sensación física, en estado de hambre o saciedad.

Mindfulness en la comida puede resultar un excelente complemento de otros tratamientos para bajar de peso, al practicar la atención plena con nuestras sensaciones de saciedad y concientizar sobre nuestra salud y necesidades reales en contraposición a deseos o conductas evitativas (como, por ejemplo, comer ante la aparición de ansiedad).

A la par, ser conscientes de lo que necesita nuestro cuerpo puede ayudarnos a elegir aquellos alimentos que precisamos en lugar de ceder y consumir otros por automatismo, vicio. Te invito a preguntarte si comerías una manzana en este momento. Si tu respuesta es afirmativa, es altamente probable que tengas hambre; si es negativa, posiblemente no tengas hambre y quizá sientas deseo de comer otra cosa no necesaria por el cuerpo y deseada por la mente. Procurá no preguntarte si comerías un chocolate, ya que, a menos que no te guste, posiblemente "siempre" lo desees, pues hay alimentos más adictivos que otros.

C) Bañarse

Comenzá tomando conciencia del tacto, desde el instante en que abrís la canilla.

Escuchá el sonido del agua y seguí cada movimiento de tu cuerpo al instalarte bajo la ducha, notando dónde sentís la presión del agua y la temperatura y qué pasa en otras partes de tu cuerpo. Observá las gotas, la lluvia, tu torso mojado.

Tomá conciencia del tacto con el jabón y las sensaciones al pasarlo por cada parte de tu cuerpo. ¿Qué sentís en la planta de tus pies; podés percibir el equilibrio de tu cuerpo de pie bajo la ducha?

Notá qué pasa al lavar tu cabello con shampoo y enjuague. ¿Cómo está al tacto antes, durante y después? Si tu atención se fue, procurá volver de manera amable al sonido del agua y al baño en sí mismo.

Con esta práctica, no será necesario preguntarte si te lavaste o no el cabello, ya que has estado muy presente y hasta notaste las sensaciones al enjuagarlo. Se trata de estar atento a lo que estás haciendo y que tanto el cuerpo como la mente se tomen ese descanso bajo el agua.

A medida que comiences a practicar más con tus actividades cotidianas, podrás descubrir cuántas cosas maravillosas te estabas perdiendo, y lo valioso que puede ser estar presente contigo y con los demás.

Tips para mantener la práctica

Como sabemos, mantener la práctica suele ser más difícil que comenzarla. Es por ello que he elaborado una lista de sugerencias basadas en mi experiencia personal y que espero, sean de utilidad:

- Sentarse a meditar durante un tiempo preestablecido, que sepamos que podemos cumplir.
- Poner una alarma que nos avise cuándo ha finalizado el tiempo, si es que la práctica no es guiada por un audio, de manera que nuestros pensamientos no se dispersen controlando el horario.
- Estar cómodos con la postura.
- No obligarse. Si bien es un compromiso, no es una obligación. Puede ser muy mindful notar que en determinado momento no estamos dispuestos y reprogramar esa práctica.
- Cada tanto, cambiar e incluir tanto prácticas guiadas (audios) como no guiadas (sin audio, personales).

- Practicar mindfulness, tanto de manera formal como informal (cotidiano). Combinar ambas.
- Cada tanto, si es posible, meditar en grupo.
- Asistir a cursos, talleres, retiros. Meditar en diferentes contextos.
- Si la mente está muy revoltosa y cuesta mucho mantener la atención, recordar que es parte de la práctica traerla y no lo es evitar que se vaya. El desafío será mayor cuanto más inquieta ella se encuentre. Recordar también que la atención debe ser traída de regreso de manera amable y paciente.
- Si la atención es "tironeada" de modo impaciente, será mejor posponer la práctica y abandonar esa lucha hasta estar dispuestos a ser amables con ella.
- Respetar nuestra elección, sea cual fuere. Darse permiso. No hay una forma correcta ni errores al meditar o no meditar.
- Siempre se puede volver a empezar.

CAPÍTULO 5
SOLTAR CON MINDFULNESS
UNA VIDA PLENA Y CONSCIENTE, DE MI CORAZÓN AL TUYO

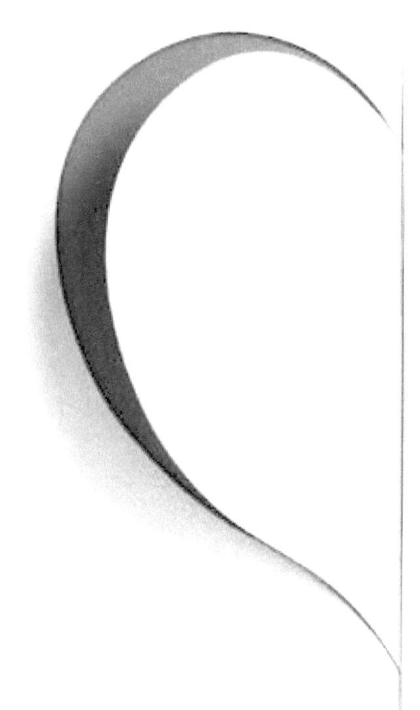

EL SILENCIO INTERIOR

Este silencio no es ausencia de sonidos o de ruido, sino mucho más que eso. Como expresa acerca del mismo Claudio Araya (2012) en su libro *El mayor avance es detenerse*: "Desde la perspectiva de la ausencia, incluso, podríamos afirmar que no es aprehensible como un fenómeno en sí mismo, solo es comprendida como una baja de volumen del ruido".

Entonces, denominaré silencio al trasfondo que hay por detrás de los fenómenos cognitivos y emocionales y que está íntimamente relacionado con el estado de presencia, el estado del ser.

Sobre este silencio transita el "hacer", es decir, las conductas automáticas contingentes con nuestros pensamientos y emociones.

Araya cita a Jaen (1998), que sostiene: "Desde la mirada del mundo interior, el silencio es un espacio de profundidad donde se puede manifestar el propio ser".

Cuando nos sentamos a meditar, adoptando una postura de apertura y aceptación, permitiendo que la experiencia se despliegue ante nuestra percepción, estamos optando por permanecer unos minutos en silencio para observar los sonidos. Esos sonidos son todo aquello que se inscribe por encima del silencio, es decir, los pensamientos, las emociones y sensaciones.

Cuando dejamos de escucharlos desde nuestro silencio interior, pasamos a ser ellos, esa experiencia, y cesamos de observarla, es decir, nos apegamos: "sonamos".

Conectar con ese espacio interior no significa que, como resultado, deban agradarnos o desagradarnos aquellos "sonidos", sino, simplemente, que desde esta perspectiva podemos notarlos de manera desapegada. Podríamos decir que este silencio interior y el desapego, el soltar, están totalmente relacionados.

El filósofo Raimón Panikkar (1997) aporta una distinción interesante. Él diferencia tres tipos de silencio: el del cuerpo, el de la voz y el de los pensamientos, siendo este último el más importante y al que se subordinan los otros dos.

Veamos un ejemplo. Subidos a un tren, desde el vagón, escuchamos los sonidos de una manera diferente de la que los percibimos detrás de la barrera, viéndolo pasar. Lo mismo sucede visualmente. Detenidos, vemos el tren en su totalidad; estando dentro de él, esto no es posible.

El silencio interior, pues, tiene que ver con situarse detrás de la barrera, incluso si estamos dentro del tren.

Mi propia práctica sostenida me ha hecho consciente de ese silencio interior, de fondo, que, como tal, no es escuchado sino ignorado. Solo deteniéndonos logramos percibirlo.

Estamos tan ocupados haciendo, pensando, preocupándonos por el mañana, extrañando el ayer, conversando con nuestra mente durante horas y horas, que hemos dejado de escuchar los pájaros, el tren, a nuestros seres queridos y a nuestro propio ser.

La invitación que formulo es a detenerse un instante para atender ese silencio que hay detrás de tanto bullicio. Simplemente permanecer, notar.

Afirma Claudio Araya (2012) que "No podemos vivir sin pensamientos ni palabras, ya que nos permiten darle sentido al mundo que habitamos, pero el silencio nos ayuda a no estar presos de nuestras propias ideas, a no creer que lo que pensamos es como son las cosas".

A medida que practiquemos, podremos notar cómo esos pensamientos que suenan comienzan a perder volumen, intensidad, velocidad, frecuencia e importancia. La mente, de vez en cuando, necesita silencio. Paradójicamente, este no se logra intentando silenciar la mente, ni acallar la voz. Por el contrario, se trata de permitir ese ruido y de observarlo desde la quietud. Nuevamente, aquí el silencio no es ausencia de sonido, sino algo más amplio: es el tablero de ajedrez en el que se apoyan las fichas, y no la ausencia de ellas. El silencio y los ruidos pueden compartir un espacio, juntos.

CONTROL, RESISTENCIA, APEGO Y TENSIÓN VS. ACEPTACIÓN, ENTREGA, DESAPEGO Y DISTENSIÓN

El control y la resistencia, entonces, guardan relación con todo intento o acción que tenga como fin evitar el desagrado y garantizar el placer a toda costa. Asegurarse de que todo vaya bien no es posible, es pura ilusión. Las cosas pueden suceder de acuerdo a nuestros deseos o no, pero no podemos controlar lo que pueda pasar. Estos intentos de control son, en sí mismos, parte del problema.

Abordaremos ahora la temática del apego y el aporte de John Bowlby. Si bien él fue psicoanalista, rechazó las explicaciones que brinda esa disciplina referidas a los vínculos en recién nacidos, incluyendo la teoría de la pulsión, que sostiene que la motivación para el apego deriva de la satisfacción del hambre y de los impulsos libidinales. En opinión de Bowlby, el psicoanálisis falló por no ver el apego como un vínculo psicológico en su propio derecho, sino como un instinto derivado de la alimentación o de la sexualidad.

Desde el comienzo del desarrollo de la teoría del apego se criticó la falta de congruencia con las diversas ramas del psicoanálisis. Ciertas decisiones de Bowlby lo habrían expuesto a una encarnizada crítica de los pensadores que habían trabajado con problemas similares, hasta el punto de ser efectivamente apartado de la comunidad psicoanalítica. Sus trabajos, no obstante, mantienen vigencia hasta la actualidad.

Bowlby (1988) manifiesta que el apego es el vínculo emocional que desarrolla el niño con sus padres (o cuidadores) y que le proporciona la seguridad emocional indispensable para un buen desarrollo de la personalidad. La tesis fundamental de la teoría del apego es que el estado de seguridad, ansiedad o temor de un niño es determinado en gran medida por la accesibilidad y capacidad de respuesta de su principal figura de afecto (la persona con quien se establece el vínculo).

El apego le proporciona seguridad emocional al niño en cuanto a ser aceptado y protegido incondicionalmente. Este planteo también puede observarse en distintas especies animales, con idénticas consecuencias: la proximidad deseada de la madre como base para la protección y la continuidad de la especie.

La teoría del apego describe la dinámica de largo plazo en las relaciones entre los seres humanos. Su principio más importante sostiene que un recién nacido necesita desarrollar una relación con al menos un cuidador principal para que su desarrollo social y emocional se produzca con normalidad.

Bowlby afirma que la conducta de apego es obvia en la primera infancia, pero puede observarse a lo largo de toda la vida de una persona, sobre todo en situaciones de emergencia. La función biológica atribuida a esta conducta es la de protección.

Él introdujo el concepto de base segura y desarrolló la teoría de un número de patrones de apego en recién nacidos: apego seguro, apego inseguro-evitativo y apego inseguro-ambivalente. Posteriormente, fue identificado un cuarto patrón, el apego desorganizado.

<u>Apego seguro</u>: El niño utiliza al cuidador como una base segura para la exploración. Protesta contra la partida del mismo, busca proximidad y es consolado, volviendo a la exploración. Puede recibir consuelo de extraños, pero muestra una clara preferencia por el cuidador, que reacciona de forma apropiada, rápida y consistente con sus necesidades, pues formó con éxito un vínculo seguro con el niño.

<u>Inseguro ambivalente</u>. El niño no puede utilizar al cuidador como una base segura, buscando su proximidad antes de que ocurra la separación. Ante ella, se irrita con ambivalencia, rabia, renuencia a acurrucarse junto al cuidador y enseguida volver a jugar. Se preocupa por la disponibilidad del cuidador, busca su contacto, pero resiste furiosamente cuando es alcanzado. No es aliviado fácilmente por extraños.

<u>Inseguro evitativo</u>. El niño presenta poco intercambio afectivo en el juego y escasa o ninguna irritación ante la salida del cuidador; expresa poca o nula respuesta visible al regreso del mismo, ignorándolo o alejándose de él sin ningún esfuerzo por mantener contacto.

Trata al extraño de manera similar al cuidador. El niño siente que no hay apego, por lo tanto es rebelde y tiene autoimagen y autoestima bajas. La respuesta del cuidador a la irritación del niño es escasa o nula. Desalienta el llanto y alienta la independencia.

<u>Desorganizado</u>: En el niño, la falta de una estrategia coherente de apego se expresa por medio de comportamientos contradictorios y/o confundidos, como acercarse, pero boca abajo. Parece una mezcla de los dos apegos previamente mencionados (ambivalente y evitativo)

Muy a menudo se asocia a diversas formas de abuso infantil.

Cindy Hazan y Phillip Shaver (1987) extendieron la teoría del apego a las relaciones románticas adultas. Se identificaron cuatro estilos de apego en los adultos: seguro, ansioso-preocupado, desapegado-evitativo y temeroso. Ellos se corresponden aproximadamente con las calificaciones de los recién nacidos: seguro, inseguro–ambivalente, inseguro-evitativo y desorganizado–desorientado.

Vemos incluso cómo, tras la teoría del apego, podemos visualizar los intentos de control en los tipos de apego inseguro.

Kristin Neff y Pittman McGehee, en *Self-Compassión and psychological resilience among adolescents and young adults* (2010), demuestran en su investigación que las personas con vínculos inseguros son menos autocompasivas que las que crean vínculos seguros. Afirman que los sentimientos de conexión, como los de bondad, activan el sistema de apego del cerebro y que la parte amistosa del instinto de "cuidar y fraternizar" se relaciona con la tendencia humana a unirse a otras personas, a formar grupos con el fin de sentirse seguro, y que por este motivo, quienes se sienten conectadas a los demás no se asustan tanto ante las circunstancias difíciles de la vida y responden de modo más flexible a las adversidades.

Con Mindfulness pretendemos trabajar con una base segura, que podemos encontrar incluso en nosotros mismos, y construirla empleando nuestros recursos.

Esto no niega que tengamos la necesidad de amar y de ser amados; por el contrario, podemos estar seguros y fuertes en presencia y en ausencia de otro que nos ame o que nos dé seguridad. Dicho de otro modo, lograr estar "seguros", tener una base estable sobre la que permanecer fuertes frente a la incomodidad y la inseguridad.

Quizá imaginarnos en la postura de loto (sentados, con las piernas cruzadas, cada pie ubicado sobre el muslo opuesto), meditando, puede darnos una idea de esta base segura (desde la quietud, abiertos a la experiencia, sin necesidad de controlar) que pretendemos extrapolar a la vida cotidiana.

Entonces, el control estaría fuertemente relacionado con los estilos de apego inseguro. Pues frente a esa percepción de inseguridad o de falta de control, buscaremos compensar esta incomodidad cognitiva y emocional a través de diferentes patrones conductuales orientados a revertir la situación. Es decir, tendientes a lograr el control, como por ejemplo, rechazo, evitación, búsqueda de seguridad, etcétera. El alivio que se obtiene a corto plazo a través del intento de control no es efectivo a largo plazo. Es decir, "tener el control" unos minutos no hará que durante el resto de nuestras vidas dejemos de sentirnos inseguros.

Por otro lado, la aceptación está totalmente ligada a la distensión, al abandono del dominio sobre aquello que no podemos controlar o, al menos, no de la forma en la que lo venimos haciendo. La aceptación está ligada al amor, a soltar, a entregar, a abandonar la lucha.

La meditación sienta las bases para una cuna de bondad amorosa; una base segura y autocompasiva para permanecer con la inseguridad y la incomodidad. Solo a través de eso podemos comenzar a sentirnos más "seguros". Suena totalmente paradójico y efectivamente lo es. Algo así como que "permitirse la inseguridad nos da más seguridad".

Soltar es amar, es darse permiso "para" y, **mientras** tanto, seguir siendo, ni más ni menos.

Considero que el **mientras** (y por eso lo subrayo) es una pieza fundamental de la aceptación. Implica que mientras está (aceptación y reconocimiento) puedo seguir viviendo y eligiendo (soltar).

Podemos soltar muchas cosas y deshacernos de la pesada mochila que cargamos. Al soltar quizá sintamos miedo o nervios, pero somos libres.

Retenemos y nos resistimos a muchas cosas. Nos resistimos a una enfermedad presente, presunta o imaginada; retenemos a seres queridos cortándole las alas, cuando en realidad estamos perdiendo las nuestras. Retenemos todo lo que nos pueda dar seguridad, amor, placer y evitamos lo que nos pueda generar dolor. El resultado: sufrimos por no ser libres; por perder la posibilidad de elegir, de exponernos, de hacer el ridículo o lo que queramos frente a la mirada del otro, que nos hace sentir mal… Y sufrimos, sufrimos y sufrimos por no ser. Sufrimos porque el silencio duele pero, sin embargo, tanto ruido nos aturde y nos deja sordos.

Ese placer que intentamos retener puede obsesionarnos, generar desesperación, adicción, resistencia al cambio y otras conductas auto-destructivas.

Aquello que intentamos evitar puede ser la puerta de la libertad y el cambio.

Quizá soslayamos hablar en público por temor (evitando el displacer que resulta del miedo, los nervios, la supuesta mirada del otro y las consecuencias imaginadas en pensamientos e imágenes) y a la vez perdemos la posibilidad de hacer algo importante en nuestra vida. ¿Y si elegimos vivir mientras sentimos todo eso? Porque, ¿quién dijo que es incompatible tener nervios y miedo y hacer el ridículo y ser felíz, todo al mismo tiempo?

Si hay algo que aprendí como baterista es a tener independencia en cada extremidad a la hora de tocar. Que mientras una mano hace corcheas, el pie lleva negras y la otra mano, semicorcheas. Cada parte del cuerpo puede hacer cosas distintas. Como todo, se logra con la práctica. Con la meditación aprendí a independizarme por momentos de las emociones y los pensamientos y a elegir con, sin, a favor o en contra. Pues la meditación implica "estar con" y no "hacer para".

Volviendo a la mochila mencionada anteriormente, entonces… ¿por qué la cargamos y no la soltamos? Hemos aprendido que cargar la mochila es lo que debemos hacer y eso nos da seguridad. Sí: ir a favor de nuestras creencias y mantenernos en nuestro hábitat nos da seguridad, aunque sea pesado. Pero, ¿qué pasa si alguna vez necesitamos cambiar para adaptarnos a un nuevo hábitat? Al referirme a esto pienso en Darwin y la selección natural, la misma que propuso para explicar la evolución biológica. En *El origen de las especies*, él plantea que existen organismos que se reproducen y la progenie hereda características de sus progenitores. Pero si el medio ambiente no admite a todos los miembros de una población en crecimiento, entonces aquellos que tengan características menos adaptadas (según lo determine su medio ambiente) tendrán mayor probabilidad de morir, en tanto sucederá lo contrario con los miembros con características mejor adaptadas: ellos sobrevivirán.

La vida cambia, el contexto cambia, las condiciones cambian. Y para "sobrevivir", necesitamos cambiar para adaptarnos. En términos de Jean Piaget, "asimilación y adaptación".

Si tomamos como ejemplo un duelo por pérdida o muerte de una pareja, donde aquella persona tan amada ya no está, podemos pensar todo el día en ella; lo que fue, lo que no; qué responsabilidad nos cabe sobre el hecho; si es mejor que haya sucedido o no; si conservaremos sus fotos a la vista; si hablaremos del ausente; si intentaremos negociar con Dios o el ser todopoderoso en quien creamos, resistiéndonos a aceptar la realidad.

Hay casos en los que el duelo no se procesa, porque no admitimos, no asumimos la pérdida para intentar evitar el dolor. No obstante, sufrimos y no podemos ser libres ni entablar ninguna relación de pareja nueva, pues no soltamos el pasado.

Hemos visto lo dinámicos que son los pensamientos y las emociones; nada de ello es permanente, son estados. Quizá sea lícito decir, entonces, que necesitamos cambiar conductas y actitudes frente a diversas situaciones para poder adaptarnos y sobrevivir.

Cuando soltamos la mochila, es posible que aparezcan los miedos y las inseguridades, y que nuestras creencias acerca de nosotros mismos y del mundo se pongan en cuestión. No obstante, ¿cómo podemos cambiar si siempre cargamos la mochila? Parece muy obvio cuando uno lo lee, pero en la práctica es complicado y hay mucha resistencia. Muchas veces seguimos haciendo exactamente lo mismo una y otra vez para resolver un problema, sin resultados… pero aun así, lo repetimos.

Antes mencioné la palabra amor. Si viéramos a un ser querido sufriendo, peleando, intentando subirse al ring insistentemente con la mochila y cayendo de espaldas en cada oportunidad, seguramente intentaríamos algo para ayudarlo, ¿cierto? Y eso, acaso, ¿no es amor? Al menos una parte del amor, el amor compasivo.

Entonces, ¿qué pasa si en el cuadrilátero estamos nosotros mismos? Quizá sería necesario vernos desde afuera.

Propongo que un día que te sientas afligido, te mires al espejo y veas a esa persona en el ring… ¿Cómo te gustaría ayudarla (ayudarte)? ¿Qué necesita esa persona? ¿Qué necesitás vos? ¿Estás dispuesto a descargar esa mochila de tu espalda aunque quedes desnudo frente al mundo? ¿Qué podría tener de valioso esto? ¿Cuál es tu mochila y cuánto pesa? ¿Qué es lo que más pesa? ¿Qué se siente al estar desprovisto de todas esas herramientas que contiene la mochila?

TEORÍA Y PRÁCTICA DE LA (AUTO) COMPASIÓN

Antes de adentrarnos en la práctica propiamente dicha, me detendré a hablar sobre la compasión y la autocompasión.

Este es un tema tan vasto como para dedicarle un libro entero, pero de todas formas intentaremos sintetizar este concepto tan inmenso y central.

En el primer capítulo cité a Vicente Simón y hablé sobre los dos componentes de la práctica, el cognitivo y el afectivo. Volvamos ahora sobre este último.

Hay muchas definiciones actuales de compasión. Algunas de ellas son estas:

"Es, junto con el amor, la cara del altruismo. Es sentir desde lo más hondo del corazón que no soportas el sufrimiento de los demás y tienes que hacer algo para aliviarlo. (…) Si quieres que los demás sean felices, practica la compasión; si quieres ser feliz, practica la compasión". **Dalai Lama, _Los siete pasos hacia el amor._**

Justamente, el Dalai Lama explica que cuando la compasión crece, también lo hace la predisposición respecto de comprometerse con el bienestar de todos los seres, aunque haya que hacerlo a solas. Es un servicio desinteresado frente a todos los seres, más allá de cuáles sean las inclinaciones de ellos.

"Es una mente que tiene como único estímulo la piedad por todos los seres sintientes (…) Desde la compasión, todos los objetivos se alcanzan". **Nagarjuna,** *Guirnalda de joyas.*

"Es amor incondicional que nos corresponde por derecho propio, por el simple hecho de estar vivos". **Kristin Neff.**

"Tu felicidad y sufrimiento dependen de la felicidad y sufrimiento de otros. Ese conocimiento te ayudará a no hacer cosas incorrectas que llevan sufrimiento a ti mismo y a otra gente". **Thich Nhat Hanh.**

"Cuando eres compasivo contigo mismo, confías en tu alma y la dejas que guíe tu vida. Tu alma conoce la geografía de tu destino mejor que tú". **John O'Donohue.**

"En el campo de la ecuanimidad, y con la humedad del amor, la semilla de la compasión se transforma en el árbol del verdadero altruismo". **Thupten Jinpa.**

"Cuando hablamos de compasión estamos hablando del sentimiento de bondad, cuidado y comprensión por las personas que sienten dolor (incluyéndonos), junto con el deseo emergente de aminorar ese sufrimiento, destacándose un reconocimiento de compartir la condición humana, frágil e imperfecta". **Germer & Siegel.**

Vemos que hay muchas definiciones, pero definitivamente estamos en el campo de lo afectivo, del amor en el sufrimiento.

Claudio Araya menciona la importancia de desarrollar una comprensión profunda de la práctica de Mindfulness al considerar la misma como un "modo de ser". Es lo opuesto de entender que Mindfulness es tan solo una técnica, una herramienta más o un mero entrenamiento atencional, aunque lo incluya. Araya parte de una perspectiva de ser en el mundo encarnada y relacional. Mente y corazón juntos, no por separado.

No puede existir Mindfulness sin compasión ni puede haber compasión sin Mindfulness.

En Mindfulness siempre está presente la compasión, tanto hacia uno mismo como hacia los demás; la compasión se va cultivando con la práctica.

Shapiro y Carlson (2009) sostienen que "Mindfulness presenta tres componentes en cada momento: intención, atención y actitud".

No se trata solo de atención, sino de que simultáneamente haya una intención y una actitud precisas. La intención es procurar reducir el sufrimiento y, al mismo tiempo, generar un mayor bienestar, junto con una actitud compasiva, tal como lo dice el Dalai Lama: que ante el reconocimiento del sufrimiento podamos actuar de un modo hábil y creativo para aliviarlo. Mindfulness, entonces, necesariamente incluye una actitud compasiva. Dicho de modo sencillo, si no tiene compasión, no es Mindfulness.

Por otro lado, la compasión necesariamente incluye Mindfulness: no podemos ser compasivos si no estamos presentes y atentos a lo que está ocurriendo en ese momento. Dicho de otro modo, si no estamos presentes, ¿ante qué estamos siendo compasivos?

La práctica de Mindfulness, entonces, nos invita a reconocer la bondad con la que ya contamos y a dirigirla hacia nosotros mismos en los momentos de adversidad (autocompasión).

Kristin Neff, investigadora de la Universidad de Texas, destaca que la autocompasión incluye necesariamente Mindfulness como uno de sus componentes nucleares y remarca que esta puede ser entendida como la capacidad de ser amables y bondadosos con nosotros mismos cuando estamos viviendo un momento de sufrimiento.

Si nos tratamos compasivamente, nos deprimimos menos, nos sentimos más motivados, más satisfechos y más conectados con los demás.

La práctica de Mindfulness nos invita a reconocer la bondad con la que ya contamos y a dirigirla hacia nosotros mismos en los momentos de adversidad.

Su contracara, la autoexigencia y resistencia automática frente a lo que estamos sintiendo o viviendo, responde a un contrato ficticio de mundo perfecto que, hasta donde sé, nunca hemos firmado al nacer.

Tenemos muchos defectos que no hemos elegido; hay millones de variables que no podemos controlar: historia familiar, genes, circunstancias vitales y todas las combinaciones posibles que determinarán muchas otras variables que escapan a nuestro control. De seguro no elegiríamos sentirnos tristes, lastimarnos o lastimar a otros pero aun así, lo hacemos. Todo lo vivido es aprendizaje y seguiremos presionando el piloto automático hasta el día de nuestra muerte.

Podemos aprender a detenerlo a veces, pero no siempre, Y entonces tenemos dos opciones: la bondad y aceptación o la crítica y resistencia.

La autocrítica y la exigencia no son más que la cara oculta del deseo de control.

Como hemos visto previamente, el aprendizaje del control se forja desde la infancia y se va reforzando culturalmente, pasando de generación en generación.

Las investigaciones sugieren que las personas exageramos nuestras características positivas, pero solo las que se valoran en las respectivas culturas (Sedikides, Gaertner y Vevea, 2007).

Podríamos remarcar entonces también cómo la cultura refuerza aún más la resistencia a aquello que no es valorado o es mal visto, en detrimento de la exageración de las características positivas.

Nada más lejos de ser humano.

Me gustaría afirmar, entonces, que la práctica compasiva de Mindfulness nos acerca a nuestra esencia, nos "devuelve" a nuestro lugar, a ser humanos y, como tales, vulnerables. Esto mismo es lo que nos ayudará a generar conciencia y a tomar distancia de las reglas que lastiman nuestro corazón.

Shelley Taylor (2002) afirma que el cerebro y el cuerpo poseen la capacidad innata de dar y recibir cuidados. La supervivencia no depende solo del instinto de lucha o huida, sino también del de cuidar y fraternizar.

Desde una perspectiva evolutiva, Paul Gilbert (2009) plantea que la compasión estaría asociada a uno de los tres sistemas naturales de regulación emocional. El primero de ellos, orientado a la vitalidad y excitación, propondría metas y buscaría alcanzarlas.

El segundo sistema de regulación emocional estaría encargado de lidiar con las amenazas y la búsqueda de la seguridad, activando un sistema de acción-inhibición. Emociones intensas (como la rabia, el miedo y la ansiedad) estarían asociadas a este propósito.

Finalmente, como rasgo en común con los demás mamíferos, existiría un sistema de regulación emocional asociado a la filiación y la amabilidad, lo que llevaría a hacernos sentir más conectados y calmados por acción de la hormona oxitocina y los opiáceos.

En este último sistema de regulación emocional, la compasión desempeñaría un rol central y un profundo sentido evolutivo: nos permitiría sobrevivir como individuos y como especie.

Hay estudios reveladores que resaltan esta capacidad humana universal. Algunos muy recientes han comenzado a iluminar los efectos que tiene la práctica sistemática de la autocompasión: según Neff (2003) Neff, Kirkpatrick & Rude (2007) y Germer & Neff (2013), el incremento de la autocompasión guarda relación con una disminución significativa de los niveles de ansiedad y depresión.

La compasión respecto de uno mismo podría ser un poderoso desencadenante de la liberación de oxitocina.

Otras investigaciones (se puede ver un video al respecto en www. greatergoodscience.org, "The science of a meaningful life video series" – presentación del Dr. Dacher Keltner (http://greatergood. berkeley.edu/ gg-live/science-meaningful-life-videos) indican que el contacto físico libera oxitocina, proporciona sensación de seguridad, alivia las emociones estresantes y calma la tensión cardiovascular. ¿Nos damos un abrazo? ¡El poder de la autocompasión está disponible las 24 hs del día!

Existe otro estudio (Martina di Simplicio, 2009) en el que los investigadores pidieron a los participantes que identificasen las emociones de los rostros de una serie de retratos. A la mitad de los participantes se les suministró un aerosol nasal que contenía oxitocina, la otra mitad (grupo control) recibió placebo. Aquellos a quienes se les había suministrado oxitocina tardaron más en identificar expresiones faciales de miedo y se equivocaron menos cuando distinguieron las emociones positivas de las negativas, en comparación con el grupo control. Esto significaría que la oxitocina reduce la tendencia de la mente a aferrarse a la información negativa.

La autocompasión activaría el sistema neurológico de calmar y suavizar, sistema propio de mamíferos y, particularmente, de primates. También podría influir el hecho de que la autocompasión es un factor contrapuesto a la autoexigencia y, mientras más se cultiva la primera, naturalmente se reduce la segunda. De acuerdo a lo que señala Blatt (1995) la autoexigencia es una importante predictora de la ansiedad y la depresión.

En base a diversos estudios, un incremento en la autocompasión se asocia a una menor rumiación mental y a la supresión de pensamientos catastróficos (Neff, 2003), con mayor claridad de sentimientos e incremento de la habilidad para reportar los propios estados de ánimo negativos (Neff, 2003), una mayor conexión social y satisfacción con la vida (Neff, 2003; Neff, Kirkpatrick & Rude, 2007). Las personas autocompasivas, además, se relacionan consigo mismas de manera gentil y saludable (Leary, M., Tate, E., Adams, C., Allen, A. & Hancock, 2007; Reyes, 2012) y, según Deci & Ryan (1995), han mostrado tener mayores fortalezas psicológicas: más felicidad y optimismo, curiosidad y exploración, iniciativa personal y afectos positivos (Seligman & Csikszentmihalyi, 2000).

"La belleza de la compasión radica en que, en lugar de sustituir los sentimientos negativos por otros positivos, se generan nuevas emociones positivas aceptando las negativas" (Kristin Neff, 2012).

Finalmente, antes de pasar a describir de qué manera podemos practicar la autocompasión, valdrá la pena distinguirla de la autoestima, la lástima y la empatía por otros.

La autocompasión no es autoestima, porque no tiene que ver con valorarnos sino con el amor incondicional. Es importante entonces diferenciar una de otra, ya que la autoestima está basada en una evaluación o en un juicio crítico dirigido a nosotros mismos (Barnard & Curry, 2011), mientras que la autocompasión radica en un reconocimiento de la humanidad compartida y la autoaceptación. Esta humanidad compartida implica que estamos todos en la misma sintonía como especie, como seres humanos, pues todos experimentamos dolor, angustia, tristeza y otras emociones que no nos agradan. Todos transitamos distintas experiencias y tendemos a accionar ese piloto automático de rechazo a las displacenteras, lo que genera aún más sufrimiento. Todos sufrimos.

La autocompasión no es empatía con los otros, si ese escuchar a otros no nos incluye, o no incluye registrar nuestro mundo interno y hacer las cosas que nos hacen bien, ya que ese es el camino de hacer bien a otros.

No es lástima, porque ésta adhiere a encerrarse en uno mismo y no deja ver que a todos les pasan cosas y, finalmente, nos hace sentir más aislados del mundo. Entonces, la autocompasión tampoco es lástima por uno mismo. De acuerdo a Germer & Siegel (2012), la lástima se caracteriza porque la persona se sumerge en los propios problemas, olvidándose de los de los demás, en tanto la autocompasión se caracteriza por estar disponible para los otros.

La autocompasión, al reconocer la humanidad compartida, permite incluso superar la lástima por nosotros mismos.

Tampoco se trata de autocomplacencia o autoindulgencia. Según Barnard & Curry (2011), la autocompasión permite reconocer con claridad los propios errores, sin necesidad de ponerse a la defensiva y, por supuesto, actuar para enmendarlos.

La compasión puede mitigar nuestro dolor o, como mínimo, no aumentarlo. Ahora, si bien sabemos usar la compasión con aquellas personas que amamos, justificando sus limitaciones en distintas contingencias, es necesario recordar que la mirada compasiva comienza por nosotros mismos.

La atenuación de las emociones negativas que dirigen un pensamiento recurrente, acelerado, descontrolado y torturante es una consecuencia ineludible de la compasión: primero las advierte y luego es piadosa con ellas; las comprende y así, sin buscarlo, facilita su disolución.

En Mindfulness, la práctica de la compasión puede estar implícita; no obstante, puede hacerse explícita.

Ahora sí, entonces, pasemos a practicar…

Prácticas compasivas

Práctica 1

Sentados, con la espalda recta en un cojín de meditación o una silla, comenzamos a notar el ritmo de la respiración y las sensaciones en el cuerpo al inhalar y exhalar durante unos minutos. Sentimos la presencia de un cuerpo completo, que respira, segundo tras segundo.

Los pies están apoyados en el piso mientras inhalamos y exhalamos.

En este estado de presencia y permanencia, imaginá a un ser querido que apreciás mucho, en un estado de sufrimiento. Puede ser un recuerdo o, simplemente, una situación imaginaria. Observá su rostro. ¿Qué sensaciones y emociones aparecen en tu cuerpo? ¿En qué lugar? ¿Cuál es su intensidad? Si tuviera una forma y un color, ¿cómo sería esta sensación o emoción? Simplemente, observala, notando su presencia; si hay alguna resistencia a sentir esto, registrala también. Dejá los juicios a un lado, aceptando la experiencia en su totalidad tal cual es, dando lugar a todo tipo de sensaciones, con el corazón abierto. A continuación, deseale a esta persona que se libere de todo sufrimiento y que tenga paz, y abrazala. ¿Qué sensaciones y emociones aparecen ahora en tu cuerpo? ¿En qué lugar? Observá la experiencia pero no intentes retener o deshacerte de nada, simplemente registrá y soltá todo intento de apego o rechazo a la experiencia.

Ahora, imaginate a vos mismo en una situación de sufrimiento (puede ser actual, pasada o imaginaria). ¿Qué sensaciones y emociones aparecen en tu cuerpo? Observá y permanecé unos minutos con la experiencia.

Deseá ahora tu propia liberación de ese sufrimiento, sumergiéndote en deseos de paz y amor en un autoabrazo. Podés abrazarte incluso físicamente en este momento de la meditación. ¿Qué sensaciones y emociones aparecen en tu cuerpo al sentir que tus brazos te rodean? ¿Cariño, amor, rechazo? Observá de manera curiosa y abierta y permanecé en esa sensación, sea lo que sea que experimentes.

Continuá la meditación, pensando ahora en una persona no muy cercana, tal vez alguien que conozcas de vista pero con quien no te hayas involucrado. Imaginala en situación de sufrimiento. ¿Qué sucede ahora en tu cuerpo, cuál es la experiencia? Observala y abandoná todo intento de modificarla.

Ahora, deseándole paz y que se libere del sufrimiento, abrazando a esta persona, observá las emociones y sensaciones presentes o ausentes en tu cuerpo, sin juzgarlas.

Es el turno ahora de imaginar a una persona que te resulte no grata o por quien sientas cierto desprecio.

Imaginala sufriendo, en un estado de suma tristeza y dolor.

¿Qué sensaciones y emociones aparecen en tu cuerpo? Observalas y permanecé unos minutos en la experiencia, sin juzgar. Si estás juzgando, en todo caso, registralo también y soltá, volviendo a la experiencia.

A continuación, abrazá a esa persona pidiéndole que se libere de todo mal y sufrimiento, que tenga paz y sea feliz. ¿Qué pasa ahora, en este momento, en tu cuerpo? ¿Hay alguna emoción? ¿Cuál es? Tomá nota de la experiencia como un mero observador, sin pretender cambiar nada de lo que sucede, simplemente registrándola como se da.

Podemos extender este ejercicio a todos los seres vivos y quizá puedas notar distintas emociones y deseos respecto de diferentes personas, que no están ni bien ni mal. Se trata de que puedas notar cómo las emociones, al igual que los pensamientos, se manifiestan, subsisten y desaparecen, cambiando todo el tiempo. Nada es perdurable. Solamente a través de la permanencia atenta podemos notar la impermanencia de los eventos y, entonces, comenzar a soltar la autoexigencia destructiva, generando autocompasión a través de la aceptación incondicional de nuestro presente, que es un regalo.

A la vez, con este ejercicio generaremos más conciencia acerca del sufrimiento y de la humanidad compartida, para incrementar nuestra compasión por el resto de los seres vivos.

Práctica 2

Podemos sacar partido de una instancia en que estés sintiendo dolor, tristeza, rabia o eso que te molesta… Estás sufriendo.

Cerrá los ojos y a partir de este momento date permiso para todo. Sí: cualquier pensamiento, emoción, rechazo, juicio, pelea contigo mismo o con otros, todo, todo está permitido.

Notá tu respiración por unos minutos. Observá cómo tu corazón late, el cuerpo respira y estás viviendo, ahora: justamente ahora.

Date permiso para estar con tu experiencia, sea cual fuere, y habitarla sin juzgarla.

Percatate de esa rabia, ese dolor, esa tristeza que están aquí y ahora, presentes con vos.

¿Cómo se siente? ¿Es desagradable? Date permiso…

¿Quién está meditando y observando? ¿Podés ver a esa persona que sufre en este momento? ¿Qué te gustaría hacer por ella? ¿Abrazarla, insultarla, golpearla, exigirle algo? Hacelo. ¿Cómo se siente ahora esta persona al ser abrazada, insultada o exigida? ¿Qué harías si está persona que está meditando fuera un ser muy querido? ¿Harías lo mismo? ¿Cómo podrías consolarla en su dolor?

Date permiso para sentir lo que sea que te surja y para observarte un instante desde afuera.

Si podés, utilizá también un espejo para mirar a quien tenés enfrente y darte una y otra vez permiso para estar con ello.

Date permiso para poner una mano en tu corazón.

Date permiso para ser humano, para comprenderte, consolarte, notar tus pensamientos, emociones y conductas, sean cuales fueran.

Date permiso, si es necesario, para hacer algo distinto. Date permiso… para amarte. No sos débil ni fuerte, no sos bueno o malo: sos un ser humano.

Volvé a notar la respiración, observá tu corazón latiendo.

Percatate de que estás viviendo, no importa lo que estés sintiendo: siempre que vivas, hay oportunidades. Date permiso…

SOLTAR CON MINDFULNESS

"Somos así. Soñamos el vuelo, pero tememos las alturas. Para volar, es preciso tener valor para afrontar el terror al vacío. Porque es solo en el vacío donde el vuelo tiene lugar. El vacío es el espacio de la libertad, la ausencia de certezas. Pero es esto lo que tememos: el no tener certezas. Por eso cambiamos el vuelo por jaulas. Las jaulas son el lugar en donde las certezas viven". **Rubem Alves**.

Una psicóloga daba vueltas por la sala mientras impartía una charla sobre cómo manejar el estrés. Cuando levantó un vaso con agua todos pensaron que iba a preguntar si el vaso estaba medio lleno o medio vacío, pero sin embargo, ella preguntó, con una sonrisa: "¿Cuánto pesa este vaso con agua?".

Las respuestas variaron entre 100 y 500 gramos. Ella contestó: "El peso absoluto no tiene realmente ninguna importancia, depende simplemente de cuánto tiempo sostenga el vaso. Si lo sostengo durante un minuto no hay ningún problema. Si lo sostengo durante una hora me va a doler un poco el brazo. Si lo hago durante un día entero, entonces mi brazo se quedará entumecido y paralizado. En cada uno de esos casos, el peso del vaso no habrá variado, pero cuanto más tiempo lo sostengamos, más pesado lo sentiremos".

Y continuó: "El estrés y la preocupación son como este vaso de agua. Si pensamos en lo que nos preocupa un rato, no pasa nada; si le dedicamos un poco más de tiempo, comenzará a hacernos daño. Si continuamos pensando en eso todos los días, nos sentiremos paralizados, incapaces de actuar. Es importante tener en cuenta que eso es lo que te estresa, así que, tan pronto como puedas, suelta esa carga. No continúes la espiral de pensamientos ni te los lleves a casa o a la cama. ¡Recuerda soltar el vaso de agua!".

Nuestras emociones no son el problema, ni tampoco nuestros pensamientos, sino nuestro apego o la evitación. Es imprescindible soltar.

Raquel ama, adora a su hijo Javier. Es su "bebé", que hoy ha cumplido 24 años y decide mudarse a otra casa, por su cuenta. Ella no deja de expresar en el consultorio toda la angustia que le produce la decisión de su hijo; piensa que él ya no la quiere y que es por eso que se va (tiene pensamientos que dicen que su hijo ya no la quiere y por eso parte).

A diario pelea con Javier a propósito de la mudanza, intentando retenerlo para que no se vaya, argumentando todo lo que ella hace y ha hecho por él. Y, además, resaltando lo peligroso que puede ser vivir solo, enfermarse sin tener a alguien cerca.

Las peleas se hacen más frecuentes y Raquel cada vez cree más firmemente que su hijo ya no la quiere. La tensión entre ambos crece a diario.

Trabajamos para identificar los miedos a este escenario en donde su hijo está presente pero a distancia, en un nuevo hogar y finalmente conectamos con el amor profundo que siente por Javier y sus deseos de que él sea feliz como quiera serlo; hablamos acerca de la libertad y de soltar.

Luego de unas cuantas sesiones, Raquel logra darse cuenta de que, detrás de ese temor a dejar partir a Javier, hay un amor muy grande que anhela que él sea feliz. Raquel aprendió que soltar podía acarrear temores, pero que era la forma de demostrar ese amor profundo a Javier. "No sé qué va a pasar, tengo miedo, pero ahora lo veo muy feliz y me pone contenta, tengo miedo". Lágrimas de dolor, que con el tiempo han curado el miedo y mejorado la relación entre ellos. Hoy se ven muy seguido y Raquel está realmente feliz con sus dos nietos. Eligió atravesar el dolor desde el amor profundo y el deseo de crecimiento de su hijo, dejando de lado sus propios temores e ideas, que entonces se justificaban por su propia historia y la relación con sus padres, pero entendió que nada tenían que ver con lo que ella deseaba, más allá del dolor. Raquel decidió salir de la jaula de las certezas y hoy es libre.

Noelia no podía separarse de su esposo teniendo miedo de lo que podría pasar luego y dejarlo, además, le generaba culpa. Ella ya no se sentía cómoda en la relación, estaba a disgusto, no sentía atracción y hasta estaba empezando a sentir algo por otro hombre. Quería dejar de estar confundida para estar segura de su elección. Pensaba y pensaba una y otra vez, causándose una confusión aún mayor.

Después de un tiempo de trabajo, Noelia pudo conectarse con sus deseos de ser libre y eligió moverse en la vida avanzando, dando pasos.

Enfrentó incluso viejos miedos de su infancia respecto de lo que significaban para ella el "abandono" y las pérdidas. Finalmente, pudo avanzar y elegir, incluso con miedo. Aprendió que, para ganarse su libertad, debía sufrir una pérdida y que el dolor no iba a matarla, sino que moría por no desplegar sus alas. Pudo volar, con dolor y miedo y, como si fuera poco, sus temores frente a las pérdidas fueron tomando otro color y se siente más segura en sus decisiones.

Angélica presenta desde hace tiempo ciertas dificultades para lidiar con su ansiedad. Tiene ataques de pánico y experimenta mucha ansiedad a causa de la misma ansiedad, valga la redundancia.

Ha dejado de ir sola al cine y de manejar el auto hasta destinos algo más alejados por miedo al miedo, básicamente.

Intenta repetidamente hacer algo para terminar de una vez por todas con la ansiedad, pero no lo logra. Cada vez que se siente ansiosa, se toma una pastilla o bien evita exponerse en público; piensa una y otra vez, criticándose permanentemente. Se aleja de sus síntomas corporales para entretenerse infelizmente en una especie de "manoseo mental". Piensa y piensa en qué puede hacer para vencer esa ansiedad maldita.

Cree que no debe experimentarla, porque es psicóloga y se plantea cómo atender a sus pacientes si ella misma no puede superar este tema. Este pensamiento suena una y otra vez en su cabeza. Tanta exigencia… Duele escucharla; me dan ganas de ayudarla.

Trabajamos unos meses para que ella pueda permitirse notar su ansiedad y logre dejarla a un costado, mientras es feliz con otras cosas y puede ocuparse de lo que quiera: de su vida. Esto da resultados pero algo falta: ella tolera, soporta, "banca" la ansiedad, pero no la acepta. Si bien está mejor, con más tolerancia, aún se nota resistente y contracturada. No acepta de corazón su experiencia como ser humano.

Recuerdo una sesión en la que hicimos un ejercicio de autocompasión, en el que ella se veía sufriendo y se contenía en un abrazo. Lo primero que Angélica sintió fue rechazo hacia ese ejercicio. Se levantó de su silla, cortó la experiencia y quiso pagarme para darla por finalizada y retirarse.

La miré y le dije que no habíamos terminado aún pero que, si quería, podría irse, pues entendía lo que estaba sintiendo y estaba dispuesto a acompañarla. Rió, entre avergonzada y ansiosa; reímos ambos, incómodos. Y se quedó conversando un rato acerca de lo sucedido, con humor. Interrumpimos el ejercicio para continuar otro día.

Luego suplimos la imagen de ella por la de un ser querido (había elegido su madre) a quien abrazaba con gusto al imaginar que sufría.

Más tarde, pudo registrar que su sufrimiento no se debía a la ansiedad per se, sino a toda su resistencia y autoexigencia.

Luego del ser querido, retomamos nuevamente el ejercicio ubicándola a ella en el lugar del sufrimiento.

Abrazarse y darse cariño en el sufrimiento no implica solamente acompañarse, sino reconocer que se está sufriendo; sentir el dolor en los brazos y ver cómo el amor puede transformarlo.

Con el tiempo y con trabajo, Angélica pudo situarse en un lugar en el que podía ser querida, aceptada; así, se abrazó con miedo y vergüenza al principio, ciñendo incluso estas sensaciones y autogenerándose protección y consuelo ante su ansiedad y la resistencia, al ceder a compartir un espacio con la misma. Pudo soltar su enorme exigencia y aceptar la vida y a sí misma como tal, como ser humano. La ansiedad ahora ya podía ser posible en su vida.

Hoy Angélica es una mujer muy feliz, está a punto de casarse y practica Mindfulness. Ya no le molesta abrazarse. Se despide de mí con un abrazo en el que siento el cariño y la gratitud mutua.

Marcos ha intentado durante mucho tiempo cumplir el sueño de su hija: hacer un viaje en avión. No obstante, padece de fobia a volar, aunque nada es para él más valioso que el amor por su hija.

"No hay amor sin miedo". Al escuchar estas palabras, Marcos tiene dos cartas sobre la mesa: en una de ellas está el miedo junto al amor, él viajando con su hija. En la otra, el miedo parece no notarse a simple vista, hay una especie de sensación de seguridad, pero también hay tristeza y está en su casa, con su hija, afligida y preocupada por él.

Luego de trabajar con su historia, sus sensaciones físicas, emociones y pensamientos, Marcos aceptó que su miedo era válido y su amor era muy fuerte. Notó que su corazón se aceleraba cada vez que veía un avión despegando, pero también pudo darse cuenta del gran amor que experimentaba por su hija. "Dios y el Diablo venían juntos, no podían separarse"; si Marcos quería a Dios, tenía que aceptar al Diablo como parte de su vida, también.

Finalmente, decidió despegar con toda su familia y también con Spike, el nombre que le puso a su miedo, que lleva actualmente tatuado en su brazo derecho. Spike lo acompaña en el viaje pero, según refiere Marcos, "al dejar de darle de comer, se ha debilitado". Y, a cambio, él y su hija están aumentando de peso, de tanto reír.

He expuesto algunos recortes de casos clínicos a modo de ejemplo de que todo es posible. Los nombres y ciertos detalles han sido alterados para preservar identidades.

Todo en la vida tiene un precio. Soltar también lo tiene. Lamentablemente, no siempre es posible que las cosas salgan como esperamos o queremos. No podemos controlarlo todo.

Deseamos terminar primero con el dolor, eliminar el miedo y aclarar la confusión para luego soltar, elegir, amar. Nada más lejos de una solución.

No es posible soltar si pretendemos luchar con aquello que no toleramos. Soltar implica abandonar la lucha.

Soltar no quiere decir hacer las cosas sin miedo, sin confusión: por el contrario, soltar es actuar con miedo, con confusión, con dolor, con angustia y con amor. Soltar la resistencia, romper el piloto automático, trabajar la aceptación y la compasión.

Lo mismo se aplica a emociones intensas agradables. Ciertos casos de dependencia emocional pueden dar ejemplo de ella. La ilusión tan bonita suele ser muy potente y muy placentera, tanto que se pase a vivir en ella en lugar de habitar el presente.

No es posible no ilusionarse, no obstante podemos soltar, es decir, notar la ilusión como tal y soltar. No nos llevará a buen puerto vivir atados a una ilusión, ni tampoco lo hará vivir peleando con la desilusión, el dolor o el malestar.

El equilibrio no se logra por retención ni por evitación constante.

Te invito ahora a hacer un breve ejercicio:

Escuchá los sonidos dentro y fuera del ambiente en el que estás; notá volumen, distancias, pausas, silencios… SOLTÁ.

Ahora notá tu respiración: es lenta, acelerada, entrecortada… SOLTÁ.

Ahora, no te doy ninguna consigna… (mantenete aquí durante cinco minutos).

Cinco minutos…

¿Qué pudiste notar al no haber consigna? La mente se disparó en busca de alguna? ¿Sigue buscando? ¿Qué pensamientos hay ahora? Notalos… SOLTÁ

Observá tu cuerpo y fijate si hay alguna tensión… SOLTÁ.

Una vez, una amiga me dijo: hay que aprender a *asolptar*. Si, no está mal escrito: *asolptar*, una fusión interesante entre soltar y aceptar.

Aceptar lo que no podemos cambiar, notar que lo que venimos haciendo para acabar con aquello que no nos gusta tampoco ha funcionado: ese es el punto de partida para empezar a soltar los intentos de control y esto, a la vez, es una clara conducta altruista, de amor.

Claro que hay algo valioso en juego para soltar el control y "arriesgarse". A veces se trata de descubrir qué es aquello valioso.

Solemos cometer el error de ver lo desagradable que no queremos en primer lugar, en vez de observar lo que sí queremos y notar lo valioso que puede ser para nosotros tomar un nuevo sendero.

Nos es más fácil reconocer el miedo que nuestros valores.

Soltar es causa y consecuencia de la aceptación y la compasión. Es, a la vez, un acto de amor propiamente dicho.

La práctica de Mindfulness nos incita a conectar con la experiencia presente, a no juzgarla, a aceptarla tal cual es y a permanecer con ella, sabiendo que no acabará con nosotros. A través de esto podemos notar no solamente la impermanencia de los eventos (sean pensamientos, emociones, sensaciones) sino también lo valioso que puede ser estar presentes. Aquí y ahora.

Mindfulness no implica relajarse, ni hacer las cosas de manera lenta y tranquila. No quiere decir cambiar quien soy, sino, por el contrario, ser y elegir. Puede ser muy mindful apurarme porque llego tarde y para mí es valioso estar a tiempo en ese compromiso, en ese momento. Luego, puede ser valioso aceptar la sensación de apuro y soltarla en pos de elegir estar con mi hermano en su fiesta y dejar el trabajo para después.

Con mis pacientes suelo salir del consultorio a practicar Mindfulness cotidiano. Vamos a la plaza a tomar conciencia del momento presente, siendo por un instante y consintiendo la experiencia. Nos permitimos estar vivos, con nuestros defectos y virtudes, con dolores y alegrías que no necesitan juzgarse ni ser juzgados, disfrutando de la caminata, del olor de las flores y del canto de los pájaros.

Podemos vivir y disfrutar, incluso con dolor o con ansiedad, sin necesidad de cambiar nada, sin resistirse.

Aprendemos que se puede disminuir el sufrimiento autogenerado por la exigencia de ser mejores, perfectos o casi perfectos, respondiendo a una orden cultural que muchas veces está demasiado lejos de lo que realmente somos.

Logramos disminuir el sufrimiento al aceptarnos como seres humanos imperfectos, falibles, vulnerables, que a la vez compartimos esto con la especie humana.

Cierta vez, me entrevistaban para una importante revista. La periodista me preguntó: "¿Qué opinás acerca de que la gente tiene que estar sola para superar el dolor?". Lo primero que le dije es que nadie está solo, porque compartimos algo: la especie. Y agregué que, en mi opinión, no hay reglas estrictas acerca de lo que los seres humanos "tienen que hacer" o "deben ser", por lo tanto, qué autoridad tendría yo, en tanto ser humano, para decir lo que está bien o mal. Finalmente, señalé que, si bien compartimos la humanidad y el sufrimiento, por suerte todos somos diferentes, con valores distintos e historias diversas, y la vez contamos con la posibilidad de tomar conciencia y elegir, hoy, cómo queremos vivir. Creo que hay demasiadas reglas y aún seguimos queriendo encontrar la fórmula de la felicidad, la "ecuación Mindfulness", la técnica redentora, cuando la salvación reside, simplemente, en aceptar lo que somos: humanos. E, increíblemente, hay que trabajar mucho para ello, por todo lo que nos hemos alejado de esa condición.

Quizá el problema sea que estamos atados a preconceptos acerca de cómo deberían ser las cosas; quizá el problema radique en que estamos perdiendo nuestra esencia. Y quizá el problema sea que nos hacemos muchas preguntas…

DE MI CORAZÓN AL TUYO

La música zen que estoy escuchando en casa, la mañana del 13 de enero, trae consigo sonidos de la naturaleza.

Conecto con mi cuerpo y siento dolor en el corazón. Nostalgia, melancolía, una pizca de culpa y más dolor.

Hace cuatro meses dejé de ver a una persona con la que terminamos una relación de pareja.

Estuve cuatro años de novio, más tarde convivimos y al cabo de nueve meses más el vínculo se terminó. Luego, idas y vueltas, el fin y la reafirmación de que no era el momento de seguir juntos.

Al respirar y parar, puedo observar, tomando distancia, y veo a una persona dolida sumergida en recuerdos y pensamientos. A la vez culpable y triste, al reconocer aspectos propios que no han ayudado en aquel entonces y que mira atrás una y otra vez. Por otro lado, aparece una voz que señala que, en una pareja, la responsabilidad es compartida. Más y más pensamientos por aquí y por allá.

Entro a la ducha prestando atención a la música de fondo que acompaña mis pasos. Escucho el sonido del agua y la percibo en mi cuerpo. Me siento en el piso de la bañera, con el fin de entregarme a todas esas emociones presentes aquí y ahora. Noto muchos pensamientos, una mente agitada. Observo y suelto. Siento y permanezco. Imagino que me veo desde fuera: un ser humano, sentado en la bañera, bajo el agua. Se llama Christian. Vive solo en un hogar que previamente fue compartido y en este momento está experimentando emociones (lloro) y reviviendo recuerdos que le duelen. Es un ser digno, me encantaría ayudarlo, veo y siento su sufrimiento y su tristeza, aquí, ahora. Tan cerca, tan... humano.

Logro comprender que es totalmente válido lo que estoy sintiendo en este momento: el dolor, la culpa, el disgusto y el rechazo con que vivencio en mi mente y en mi cuerpo ese preciso instante. Es normal que sienta así el pecho, que aparezcan el pasado, la culpa, el miedo y el rechazo ante esta experiencia actual y ante los recuerdos que me disgustan. No es necesario luchar. Soy un ser humano.

Las armas fueron hechas para pelear y el corazón para amar.

Notar esto me ayuda a entregarme, en lugar de resistirme a la experiencia. Acepto lo que está sucediendo y me acepto. Suelto. Claro que sigo sintiendo el dolor, pero me entrego, soltando el sufrimiento provocado por la resistencia.

Me doy un abrazo y siento calidez y generosidad en mi corazón. Caen lágrimas de alivio por sentirme acompañado.

Percibo esa base segura dentro de mí; siento mi hogar, mi lugar, en mi corazón. Aparecen sentimientos de esperanza y gratitud.

La culpa, el dolor y la angustia por lo que fue y no fue se transforman en una meta: crecer, vivir, ser.

El Chris del miedo a lo que pueda pasar, el de la confusión por no entender algo que no se entiende, el del apuro y la exigencia por resolver todo ya y el de la intolerancia a la frustración me pueden acompañar en este viaje. Vuelvo a abrazarme. Ahora soy un solo Chris, grande, que contiene a todos esos pequeños.

Surgen las ganas de escribir esto en mi libro y aquí estoy.

Al atravesar la experiencia, el dolor se convierte en esperanza y hasta puede ser algo muy productivo y transformador.

La intolerancia a la incertidumbre se transforma en desafío y curiosidad, como si fuera a recibir un gran regalo sorpresa... El regalo de la vida, supongo.

Todo se vuelve más claro, paradójicamente, sin que entienda ni racionalice nada, tan solo permaneciendo con el corazón abierto a la vida. Tanto es así, que ni siquiera logro referirlo mediante la escritura.

Solo puedo transmitirte que la llave de todas las puertas está en tu corazón: es el amor, la compasión. Soltar es causa y consecuencia de ello.

Admito que trabajar sobre la compasión me ha ayudado a conectar conmigo, con las personas y también con Dios, y en esta experiencia lo he sentido. Si bien soy católico, lo soy de fe: no voy con frecuencia a la iglesia, solo lo hago en misas de Pascuas y Navidad, porque así lo siento. En general, me conecto más yendo allí a solas y sentándome en el silencio, cara a cara con Dios y conmigo mismo.

Este hermoso trabajo del alma me ha acercado a mis valores. Algunos de ellos yo ni siquiera sabía que estaban allí, en lo profundo de mi ser. Doy gracias por esto.

He hecho un camino personal y profesional para llegar hoy a escribir este libro y mi mayor regalo es que llegue a tus manos.

Las experiencias de mis pacientes (no muy distintas de las mías, en calidad de seres humanos) así como mis experiencias con ellos me han traído aquí.

Al igual que vos, yo también sufrí, sufro y sufriré. He pasado por momentos de mucha ansiedad, angustia, temores, obsesiones y crisis. De todo eso aprendí.

Hay cosas muy valiosas para mí, hoy. Ayudar, aprender y enseñar, transmitir, compartir, amar, son algunas de ellas.

Este libro ha sido un medio que me permitió abordar todas estas cuestiones. Escribirlo representó un compromiso con esos valores.

Cuando comencé a practicar Mindfulness, mientras me formaba en psicoterapias cognitivas conductuales y terapias de tercera generación, creía que practicaba Mindfulness. Pero, con el tiempo, noté que simplemente estaba aprendiendo. Incluso hoy, considero que Mindfulness es un continuo aprendizaje para estar presentes y no un fin o una técnica acabada.

Es muy fácil usar Mindfulness, incluso como intento de control. "Voy a hacer Mindfulness para iluminarme, conocer la verdad, lo que quiero": nada más alejado de lo que pretende ser Mindfulness.

Si, yo también intenté usarlo como control y por eso puedo contártelo.

Cuando estaba en la Universidad, al promediar la carrera de Psicología, prometí dedicar mi vida a lo que a mí en ese entonces me ayudara a salir de la crisis de angustia que estaba atravesando.

Comencé a hacer terapia cognitiva y continué durante unos tres años. Me sirvió, pero no del todo. Luego hice Mindfulness y sentí que era la vuelta que me faltaba.

Finalmente, luego de varios años de formación y práctica, aprendizaje, terapia y supervisión, me di cuenta de que no faltaba ninguna vuelta. Porque no hay nada definitivo, no hay ecuación, no hay "LA cura".

La vida se trata de vivir y para esto no solo es preciso aceptar y estar bien con cuestiones agradables, sino que es necesario dar lugar a las desagradables y aprender a "reír" con ellas.

Hoy día, en los entrenamientos que facilito de Mindfulness, justamente, una de las cuestiones más difíciles de transmitir tiene que ver con esto, con que no hay "ecuación Mindfulness", sino "ecuación vida". El Mindfulness es uno de los tantos medios para aprender a notar, aceptar, soltar y vivir con conciencia plena, aunque sea por un momento, volviendo a empezar, una y otra vez.

Soltar con Mindfulness, amar con Mindfulness.

Ahora pues, te hablo, de mi corazón al tuyo y te invito a hacer una última práctica.

Sentado, cerrá los ojos. Notá y tomá conciencia del aire que entra y sale de tu cuerpo. Notá y tomá conciencia de la temperatura, postura y sensaciones, emociones y tensiones que pueda haber en tu cuerpo.

Observá todos esos pensamientos o distracciones que pasan por delante.

Tomá conciencia y soltá… Permití que todo ello pueda estar, venir, pasar, irse. Date permiso, pues soltar con Mindfulness es la práctica de darse permiso para estar presente, abierto de corazón, cualquiera sea la experiencia, y sobre todo si es desagradable.

La aceptación parte del corazón y de abrir el cuerpo para poder permanecer con los brazos abiertos, en lugar de resistirse. Cuando aceptamos, las tensiones tienden a desaparecer, porque aceptar implica soltar y permitirse, y como vimos, tensión es sinónimo de resistencia, por lo tanto, de no permitirse o exigirse.

Ahora, desde esta observación y conciencia, bajo el umbral de la permanencia con el corazón abierto, date un abrazo mientras permitís que suceda todo lo que está sucediendo.

Y, mientras esto está aquí contigo, elegí qué querés construir; sentite libre para hacerlo y, si no sabés qué elegir, tampoco importa: ya lo sabrás.

Si todo fuera posible, si pudieras darte permiso para todo, ¿qué estarías haciendo? Ni lo pienses: hacelo cuando sea el momento.

Recordá que aquel niño que mencioné en el primer capítulo comenzó a vivir dándose permisos para todo. Luego vinieron los retos, las reglas. Una parte de ellas nos ayuda a sobrevivir y es totalmente funcional, pero otra parte ya dejó de serlo hace tiempo.

Una reflexión final:

De mi corazón al tuyo.

Construí. No podemos evitar los derrumbes, con lo cual no es necesario poner energía en ello. Utilizá la misma para construir. Permití que se levanten cimientos sobre tu alma. Pintá de colores el corazón, abrí las ventanas y respirá una y otra vez.

Yo no te conozco, quizá sí. Pero estoy seguro de que sos un ser humano como yo, y solo por eso, te quiero y deseo tu bienestar, quienquiera que seas y estés donde estés.

Recordá: no hay emociones más sinceras que el amor y la gratitud. Esta es nuestra vulnerabilidad y nuestra fortaleza.

Gracias, te quiero.

De mi corazón al tuyo…

Christian D. Arpa

BIBLIOGRAFÍA

Araya, C. (2012). *El mayor avance es detenerse.* Santiago de Chile: Mago.

Bowlby, J. (1989). *Una base segura.* Barcelona: Paidós.

Chodron, P (1991). *The wisdom of no escape.* California: Shambala Publications.

Chodron, P. (2013). *How to meditate: a practical guide to making friends with your mind.* Mumbai: Jaico.

Csíkszentmihályi, M. (1998). *Fluir.* Barcelona: Kairos.

Dalai Lama (2010). *Los siete pasos hacia el amor.* Buenos Aires: Sudamericana.

Darwin, Ch. (1998). *La expresión de las emociones en hombres y animales.* Madrid: Alianza.

Darwin, Ch. (2003). *El origen de las especies.* Madrid: Alianza.

Di Simplicio, M. (2009). *Oxytocin enhances processing of positive versus negative emotional information in healthy male volunteers.* En *Journal of Psychopharmacology 23 (3): 241-8.*

Engel, A.K. Fries, P. y Singer, W. (2001). *Dynamic predictions: Oscillations and synchrony in top-down processing. Nature Reviews Neuroscience, 2:704-716.*

Gilbert, P. (2008). *The Compassionate Mind.* Londres: Constable.

Hayes, S. (2005). *Sal de tu mente, entra en tu vida.* Bilbao: Desclée de Brouwer.

Hayes, S.; Strosahl, K.; Wilson, K. (1999). *Acceptance and Commitment Therapy: An experiential approach to behavior.* New York: The Guilford Press.

Hazan, C. y Shaver, Ph. (1987). *Romantic love conceptualized as an attachment process*. En *Journal of Personality and Social Psychology*. 52:511-524.

Kabat Zinn, J. (1990). *Vivir con plenitud las crisis*. Barcelona: Kairós.

Kabat Zinn, J. (2005). *La atención plena*. Barcelona: Kairós.

Kabat Zinn, J. (2009). *Mindfulness en la vida cotidiana: Donde quiera que vayas, ahí estás*. Barcelona: Paidós.

Kabat Zinn, J.; Davidson, R. (2011). *El poder curativo de la meditación*. Barcelona: Kairós.

Keltner, D. (2009). *Born to be good: the science of a meaningful life*. New York: Norton & Company.

Lazarus, R. (1986). *Estrés y procesos cognitivos*. Barcelona: Martínez Roca.

Neff, K. (2012). *Sé amable contigo mismo*. Barcelona: Paidós.

Neff, K.; Pittman McGehee, J. (2010). *Self-Compassión and psychological resilience among adolescents and young adults*. Texas: Research, Psychology Press, Universidad de Texas.

Osho (2003). *El equilibrio entre la mente y el cuerpo*. Bogotá: Norma.

Panikkar, R. (1997). *La experiencia filosófica de la India*. Madrid: Trotta.

Sedikides, C.; Gaertner, L.; Vevea, J.L. (2007). *Evaluating the evidence for pancultural Self'-Enhancement*. En *Asian Journal of Social Psychology*.

Shapiro, Sh. y Carlson, L. (2014). *Arte y ciencia del Mindfulness: integrar el Mindfulness en la psicología y en las profesiones de ayuda*. Bilbao: Desclée de Brouwer.

Siegel, D. (2007). *The mindful brain*. New York: W.W. Norton & Company.

Simón, V. (2007). *Mindfulness y neurobiología*. En *Revista de Psicoterapia*, Vol. XVII, Valencia.

Simón, V.; Miró, M.T. (2012). *Mindfulness en la práctica clínica*. Bilbao: Desclée de Brouwer.

Skinner, B.F. (1957). *Conducta verbal.* México DF: Trillas.

Taylor, Sh. (2002). *The tending instinct: How nurturing is essential to who we are and how we live.* New York: Times Book.

Thích Nhất Hạnh (2000). *The art of mindful living.* Louisville: Sounds True.

Wilson, K.; Luciano Soriano, C. (2002). *Terapia de aceptación y compromiso: un tratamiento conductual orientado a los valores.* Madrid: Pirámide.

Se terminó de imprimir en Impresiones Dunken
Ayacucho 357 (C1025AAG) Buenos Aires
Telefax: 4954-7700 / 4954-7300
E-mail: info@dunken.com.ar
www.dunken.com.ar
Octubre de 2018